U0002884

赏味 東京

從味蕾感受東京必訪的66間主題餐廳

東京的美食就像是一部一秒24張圖畫的動畫片，
不但異彩紛陳，而且變化快速！

從時間來看，東京有傳承於江戶時代的庶民美食，從地域性來看，
日本各地的鄉土料理也在東京大行其道！而東京法式餐廳贏得米其林星星的數目，
更是亞洲第一！作者將帶領你從美食中領會東京的目眩神迷以及飲食文化。

《商業周刊》美食作家
吳燕玲 (胖狗)─────著

CONTENTS

1　一生要去一次的經典餐廳

2　超低價享用星級料理

3　古宅庭園風格的究極美食

4 江戶前的庶民味

5 總理的飲食

6 大人小孩都愛的洋食館

品和食之美，賞東京之味

日本小說家池波正太郎，曾經追憶他小時候吃到的壽司，是這個樣子的：「沒有一間壽司店會端出像現在這樣，在少少一點飯上蓋著厚切鮪魚片的這種壽司，大致來說，壽司被握成橢圓形，大小足以用菜刀直接切成兩半，分給小孩子吃。」

一九二三年出生的池波正太郎，他的童年約在昭和初期太平洋戰爭前夕，此時日本社會初嚐明治維新西化後的甜美果實，國力強盛、社會富裕，老百姓也普遍都接受了西方的牛奶、麵包與肉食習慣，和、洋紛陳的飲食型態，激發廚師的創造力，讓日本的美食進入一個空前蓬勃的狀態。

這個時間距離華屋與兵衛一八二四年在兩國以「華屋」為商號，成為江戶城第一家握壽司店的時間不過百年。史料記載，一開始的握壽司可不像現在捏得小小顆的，而是很豪邁捏成很大一顆，我一直無法想像江戶時代「很大的握壽司」是什麼模樣？莫非就是池波正太郎筆下「橢圓形的握壽司」？

池波正太郎又寫道：

「那時的壽司店，很少像現在一樣把魚貝海鮮攤在玻璃櫃裡，可以一邊用餐，一邊看師傅現場握壽司。座位只有桌席，客人在小隔間裡的桌旁坐下，品嚐店家用盤子端過來的壽司。」

壽司店有這樣的變化，顯然是受到戰後自大阪、京都吹向東京的割烹料理影響；從料亭習藝後出來自立門戶的廚師，受限於經費、人力，想出了站在吧檯後方「割」與「烹」的經營型態，正適合地狹人稠的東京，這種充分節省空

間與人力的餐飲模式，影響了其他飲食型態的餐廳，更可看出餐飲型態的演進。

飲食是生活的縮影，它不但包含山川地理的軌跡，更與社會文明共同成長；現在的東京，是世界上最繁華的城市之一，在飲食上承載了江戶時代的傳統、明治西化的影響、戰後文明的便利，當然，作為一個外來人口眾多的大都會，東京更匯聚了日本各地的鄉土料理，與歐美亞非食材、香料的接觸也非常緊密。

雖然之前常常造訪東京，但真正對東京美食進行取材，是二〇一四年《京都美食ABC》出版之後，才比較有系統地進行。事實上，每一次造訪東京，我的「想吃名單」都不一樣，每一次吃完，真心想要書寫的餐廳也一直在變動；除了因為東京美食實在太多、變化速度太快，另一個重要的原因，也是因為日本料理特別講究旬之味，因此我在不同的季節跑了東京六次，每一次都帶給我新的感受。

我既愛吃又貪吃，探訪鄉土美食是我認識當地生活的便捷途徑，所以每一次旅行，都要花很多時間查資料，篩選在有限的時間裡該吃什麼、該去哪裡吃，才不枉此行；除了「好吃」這個必要的條件之外，這家餐廳所處的位置、有著什麼樣的故事，也常常是吸引我造訪的因素。

因此，在這本書的規畫中，我以「經典餐廳」、「平價星級料理」、「建築古宅庭園」、「江戶前的庶民味」、「總理的飲食」、「大人小孩都愛的洋食館」、「風格獨具的珈琲喫茶」、「日劇美食」、「創意與童趣」、「和洋甜點」這十個主題，來呈現豐富多采的東京美食，有的純粹以出色的料理表現出發，有的則抱持「食」與「遊」一兼二顧的目的；畢竟東京美食「品」的不僅僅是「味」，建築與氣氛的營造、身體感官與食材的交流、服務與管理的精進……，都值得我們仔細欣賞，細細品味。

當然，這十個主題還是無法囊括東京美食完整的面貌，畢竟東京餐飲企劃之發達，可謂世界之最，每隔一陣子，就會有新的餐飲概念誕生，傳統與創新一直在相互激盪，這是東京美食最吸引人之處，永遠讓人有新鮮感，永遠有新餐廳等著你去發掘。

1

一生要去一次的
經典餐廳

即使不會日文，
到這幾家餐廳也不用為點菜而煩惱，
因為它們都是以當天進貨的狀況來決定菜單，
因此只要像咒語般唸出：
「おまかせコース（omakas-ekosu）」
就能品嚐到當天最佳的菜肴。

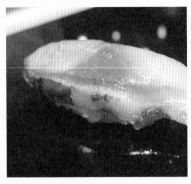

很少有一個城市像東京一樣，會讓我心甘情願把旅行的目的只專注在「吃」；甚至花在「吃」的預算，就占了旅費的三分之二。最主要的原因，是東京令人敬佩的料理職人實在多！

握壽司，現在已是全世界對日本料理最鮮明的印象，來到東京這個握壽司的發源地，怎能不見識一下握壽司的精髓？但東京的壽司名店何其多！像「數寄屋橋次郎」、「鮨さいとう」這些「朝聖」級餐廳，對於沒有特殊管道訂位的人而言，這些壽司再棒也吃不到，所以在「不難訂位」的考量下，系出次郎門下的「青空」，就成了我的首選。

與握壽司一樣，在江戶時代以街邊小食之姿，走向頂級巔峰的是天婦羅。

坦白說，我接觸天婦羅的時間很晚，像天婦羅這樣的油炸物，作為懷石料理中的一品，或是吃蕎麥麵時配上一份炸蝦天婦羅，我是喜歡的，但是一想到一頓飯要連吃十幾道炸物，總覺得太油膩而不敢嘗試，「みかわ是山居」卻改變了我的恐懼，原來高級的天婦羅，吃來一點也不油膩啊！

在東京日本料理的世界中，「料亭」與「板前割烹」總是有無可取代的地位。料亭的興起，與江戶時代「參勤交代」制度有關，平時少有往來的各地藩主利用在江戶城參勤交代時，以吃飯喝酒為名祕密聚會，孕育出獨特的料亭文化。直到今天，東京的料亭仍高達五十多家，相對於接待重要人士會選擇在料亭這種需要排場的地方，平常的日子想吃點好料，大部分的人會選擇可以輕鬆用餐的「板前割烹」。

「割」，講究的是刀工，「烹」，指的是用火烹調，這兩個字道盡日本料理

中所有生、熟食的處理技巧;「神樂坂 石かわ」雖然屬於割烹料理,卻有料亭的周到,或許是在神樂坂這樣洋溢著花街風情的地方所致吧!

　　相對於「神樂坂 石かわ」的素樸,六本木的「龍吟」則顯得炫爛,刻意挑這兩家風格迥異的餐廳,是希望和大家分享這一簡一繁,兩種不同的和食之美。

　　在東京,另一個不能忽視的是西洋料理。自二○○七年東京米其林指南出版以來,每年東京上榜的法式餐廳就有四、五十家,數目之高令人咋舌;近年來每次到東京,法國菜是我必嚐的美食,之所以選出「Narisawa」與「Edition」與大家分享,是因為它們的料理「夠特別」。

　　在這個章節中,我也收錄了兩家可以品嚐A5和牛的餐廳;A5和牛那在口中化開、肉汁滿溢的滋味,是其他食材永遠比不上的,對於日本人來說,想到吃牛肉,腦海裡第一個浮現的就是壽喜燒,既然是東京,我便選擇了一間關東風的壽喜燒「いし橋」;但有些人不喜歡偏甜的壽喜燒,所以我也推薦專吃燒肉的「なかはら」。

　　即使不會日文,到這幾家餐廳也不用為點菜而煩惱,因為它們都是以當天進貨的狀況來決定菜單,因此只要像咒語般念出:「おまかせコース(omakase-kosu)」就能品嚐到當天最佳的菜肴。當然,有禁忌的食材只要在訂位時說明即可。說句玩笑話,要吃這些餐廳,最大的門檻不是日文,而是荷包!

「青空」以檜木打造吧檯。

01

青空

走出自己格局的
次郎派握壽司

胖狗評鑑

美味度 ★★★★★
環境舒適度 ★★★★★

每次當我起心動念，想花上萬元房價入住東京半島酒店，只為透過半島酒店禮賓部去預約壽司之神小野次郎的位子時（聽說半島禮賓部與次郎交情不錯，可以在三個月前預訂到位子），老公總是想方設法地勸阻。

他總是說：「不要啦！次郎規矩那麼多，幹麼要花那麼多錢，吃得那麼緊張？」

是的，次郎的規矩真的很多：不能遲到、不能拍照、不能穿得太隨便、一上來就要立刻吃掉、整體用餐時間約四十分鐘，而且一人要價三萬多日圓，但這些都阻擋不了全世界的愛吃鬼，特別是在美國總統歐巴馬造訪過之後，次郎的位子更是愈來愈難訂，訂不到次郎的位子怎麼辦呢？

何不嘗試其他「次郎派」的壽司呢？

米其林二星壽司名店

其實次郎的徒弟出來開業的不少，次郎的大弟子水谷八郎早已成為壽司界的一代巨匠，有些人甚至認為，水谷八郎的狀態甚至已經超越了次郎，但是已經七十歲的水谷八郎在二○一六年十月底退休，唉……，水谷的壽司現在也吃不到了。

另一家「次郎派」的壽司店，是位於表參道的「ます田」，主廚增田勵也是次郎的徒弟，二○一四年自立門戶，當年旋即摘下了米其林一星。

「青空」的主廚高橋青空，看起來很年輕，但是他在次郎門下習藝十二年，二○○六年自己出來開業後，在銀座激烈競爭的環境下，逐步走出自己的格局，如今已是米其林二星的壽司名店。

這幾家都是次郎的徒弟，但每個人的風格並不一樣，從醃漬、熟成、燉煮、刀法，醋飯的溫度、酸度，捏製的分量、鬆緊度、提味的調配，到用餐氣氛與節奏的掌握，主廚風格主宰了店內的一切。

就各項表現的分數，「青空」是我個人很喜歡的一家壽司店。一進門，店內氣氛輕鬆歡愉，被安排坐在吧檯的位子，環顧四周，嗯……有包廂，裡頭的客人喝得好開心啊！

酒肴暖場驚喜不斷

不同於次郎直接就上握壽司的作法，「青空」一開始先讓客人品嚐酒肴。

這天先上來的是一小碟蔬菜與章魚，章魚的口感柔軟帶有咬勁，香氣保留得也很好；由於造訪時正值冬天，正在想，會不會有冬天饕客們最喜愛的白子

（魚類的精囊）？果然，鱈魚白子立刻出現在我的面前。

「青空」把白子先烤過，但是保留了內部的柔軟，再浸泡在酸橘醬油中，這種作法雖中和了膩感，但酸橘醬油的調味略鹹了些；生魚片有紅白兩種，白的是鯛魚，紅肉有點認不出來，吃進一口，「咦？味道怎麼這麼濃郁？而且還有一股獸肉味！」一問之下，才知道那是鯨魚肉。

自古以來，日本就有食鯨的文化，歐美捕鯨是為了鯨油點燈，日本人是一整頭鯨從內臟到皮肉盡皆利用。織田信長曾向天皇貢奉鯨肉，土佐武將亦曾致贈豐臣秀吉一整頭鯨，本來只在上流社會流通的鯨肉，到了江戶時代，庶民之家也能吃得上。

二戰之後，日本糧食匱乏重開捕鯨船，但英國、澳大利亞卻不准日本捕鯨船駛入南冰洋，時值接管日本的麥克阿瑟將軍說：「不讓他們捕鯨，難道你們要出錢救濟他們嗎？」因為這句話，老一輩的日本人至今對麥克阿瑟將軍感激涕零，因為鯨肉是他們當時營養午餐重要的蛋白質來源，鯨魚肉也成為一種他們「懷念的味道」。因此日本至今仍抗拒國際間的捕鯨禁令，雖然現在年輕人已經很少吃鯨肉，但是市場上偶爾還是可以看得到鯨魚肉的流通。

我曾經在高知的弘人市場吃過炸鯨魚肉，但是那塊炸鯨魚肉又乾又硬，和在「青空」吃到的鯨肉刺身完全是天壤之別，第一次知道，原來鯨魚肉的油脂是這麼豐富，令我對鯨肉大為改觀。

❶ 「青空」的章魚柔煮，
香氣明顯。
❷ 紅肉的生魚片是鯨魚
肉，油脂非常豐富。
❸ 12月是吃鰤魚的最佳季
節，非常肥美。
❹ 烤白子佐橘酢，成為別
出心裁的酒肴。

這一天，我最喜歡的酒肴是一道烤鰤魚。鰤魚亦稱青紺，日本稱十二月是「師走之月」，師走之魚正是鰤魚，因為這個季節的鰤魚最是肥美，讓我稱讚的不僅僅是「青空」選貨的功力，更是烤炙的功力，咬開魚肉看到橫切面，竟像三分熟的牛排，外熟內生，難怪這麼好吃！

「青空」的酒肴道道精采，絲毫不輸三星割烹名店；說實話，「青空」能在銀座眾壽司店中急速竄出，酒肴所占的分量絕對功不可沒。

握壽司主角上場貫貫精采

握壽司的第一貫以墨魚開場，墨魚看起來晶瑩剔透，一口吃下，啊！這醋飯好酸啊！次郎派的醋飯，比一般的壽司醋飯都酸，意外的是，這麼酸的醋飯與墨魚極相襯；透明發亮的水針之後，是鮪魚三連發，赤身、中腹、大腹，赤身是全無油脂的酸香，進展到中腹是魚肉與油脂的融合，再到輕輕一嚼，油脂就在口中化開的大腹，就在嘴裡還殘留著鮪魚油脂的芬芳時，緊接登場的是江戶前握壽司的代表小鰭（小肌），這也是次郎的出菜模式，凜冽的酸味，一下子就把沉睡在油脂中的味覺驚醒了！

遵循次郎的作法，「青空」第二階段的握壽司，也是走「讓人可以感受到季節變化」的路線；這貫握壽司上來時，我打量了它半天，覺得像是貝類，又

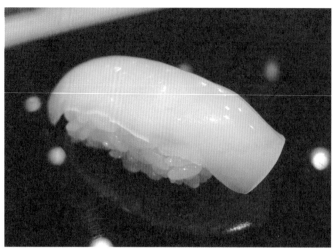

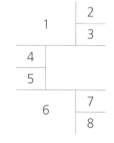

		2
1		3
4		
5		
6		7
		8

❶ 次郎派的壽司醋飯比較酸，以墨
　魚作 開場。
❷ 江戶前壽司必有小肌，刺激的酸
　味中有香氣。
❸ 鮪魚中腹油脂豐富。
❹ 鮭魚卵像紅寶石般閃閃發亮。
❺ 婀娜多姿的赤貝，難怪稱為貝中
　女王。
❻ 這麼大的蛤蜊，害我不認得它。
❼ 「青空」的穴子鬆軟至極，入口
　即化。
❽ 次郎派的玉子燒。

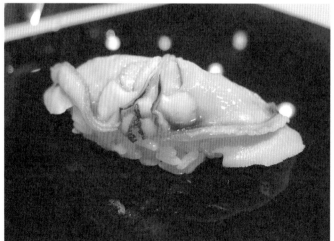

覺得有點陌生,抱著不恥下問的精神,我鼓起勇氣問了高橋師傅:「這是什麼貝類啊?」

「什麼?這是文蛤!」相信再不常吃海鮮的人,都不可能不認識文蛤,我之所以認不得它,是因為它實在是太大了!蝴蝶刀的手法剖開蛤肉,左右對稱地「趴」在醋飯上,形狀真是美極了!其實文蛤也是江戶前握壽司常見的食材,只是現在這麼大的文蛤愈來愈少,這貫文蛤蛤肉事先燙過,醬汁刷得很克制,沒有搶走蛤肉的脆甜與香氣,深深讓我著迷。

接下來的鰤魚、象拔蚌、鮭魚卵、海膽都有不錯的表現。通常來說,一般人吃完酒肴再吃十貫握壽司就差不多了,但是「青空」的醋飯夠酸,嚼起來粒粒分明又有甘味,讓我覺得再多也吃得下,於是又追加了縞(白鯛)、赤貝,高橋師傅看我一副沒吃飽的樣子,好奇地問我:「你可以吃幾貫?二十五?三十貫?」弄得我有點不好意思,只好跟他說:「可以上穴子了!」

穴子也是「青空」的名物,一入口,鬆軟地在舌尖化開,好吃到讓人想再追加一貫,回來看了照片算一算,七道酒肴後,我竟吃了十六貫握壽司!

遵循著次郎派的作法,「青空」最後一道也是玉子燒,用蝦卵、山芋做的玉子燒,濕潤鮮甜,吃完齒頰留香,據說,光是這道玉子燒,就要學三年哩!

高橋青空師傅看起來很年輕。

青空

✉ 東京都中央區銀座8-5-8 かわばた大樓3F,從JR新橋站步行5分鐘

☎ 03-3573-1144

🕐 17:00～22:30,週日休

💲 平均一人25,000日圓起,觀光客須請旅館代為訂位

02

みかわ是山居

天婦羅之神的
天婦羅沙龍

胖狗評鑑

美　味　度　★★★★★
環境舒適度　★★★★★

第一次在みかわ是山居吃到早乙女哲哉炸的車蝦天婦羅時，忍不住在心裡暗叫：「怎麼會有那麼甜的蝦啊？」不是很大的一尾車蝦，卻意外地甘甜，咬一口，發現蝦肉的中心部還是半透明的，顯示蝦肉並沒有完全熟透，隨後上來的蝦頭，炸得乾香酥脆，格外鮮美。

雖然以前也吃到過更大、肉更厚實的明蝦，但論甘甜度，總覺得沒有「みかわ是山居」的車蝦令人心動，

1	2
	3

❶ 跟著外牆的壁畫與盆栽，一路走到門口。
❷ 抽油煙機是依早乙女哲哉平常所戴的帽子
　來設計。
❸ 早乙女哲哉炸車蝦，往往只炸24或25秒。

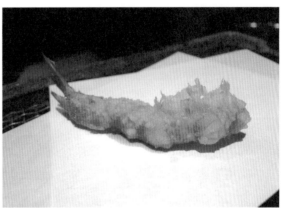

當時一直搞不懂是什麼原因，後來看了《巨匠的技與心──日本三大料理之神的廚藝與修練》一書後，頓時才恍然大悟。

炸蝦鮮美甘甜的祕密

早乙女哲哉在書中指出，炸蝦要甘甜，油炸時間要控制在二十四到二十五秒，這時中心部半生不熟的狀態，溫度約是四十五到四十七度，正是人的味覺最能感受到食物甘甜的溫度，超過這個秒數，它的甘甜味就會不見。

至於蝦頭，要求的是「鮮美」，就必須炸到它把鮮味釋放出來為止；許多師傅常常炸一分鐘到一分半鐘，但是他會刻意炸到二分鐘，「其分寸的拿捏，有如相撲選手正踩在邊線上，再多一步就要被判出界的緊張狀態。」

　　他更進一步指出，食材或麵衣本身都有水分，油炸則有脫水的作用，當食材放進油鍋中，一開始水分尚未完全蒸發，此時如同在「蒸」，一旦水分蒸發，油炸物溫度瞬間會從一百度飆高至二百度，等同在二百度高溫下「烤」，因此處理每一種食材時，是要全部逼出它的水分？還是保留一點水分更能釋放食材的甘甜？這就有賴師傅們對不同食材探究的功夫了。

　　第一次讀到這些文字時，我覺得早乙女哲哉實在是一個兼具理性與感性的大師；食品科學發達至此，從油溫、時間等數據鑽研炸物的師傅並不少，但以相撲比賽比喻油炸的狀態，既有趣又感性，難怪讓早乙女哲哉被認為是近三十年來天婦羅界最重要的推手，日本媒體亦推崇他為「天婦羅之神」。

藝術感十足的天婦羅名店

　　即使從沒來過「みかわ是山居」的客人，也很容易以「氣質」來尋找它的位置，從轉角開始，花草盆栽與外牆壁畫就引領著你走到門口，一只破掉的陶甕佇立在旁邊，早乙女哲哉從十幾歲開始就與許多陶藝家、藝術家交往，出身於天婦羅老舖「天庄」的他，一九七六年在茅場町開了「みかわ」，後來把茅場町店交給兒子經營，二〇〇四年他決定將自己的住家改建為「みかわ是山居」，樓下是天婦羅店，樓上是美術館與住家，他將自己多年來的收藏放在店裡，宛如一個「天婦羅沙龍」。

❶ 中間半生熟的海膽比要生海膽更甜。
❷ 紫蘇葉沾了麵粉包起海膽，準備炸成天婦羅。
❸ 秋天季節的一品是一整根松茸。

　　進來之後，幾乎所有人的第一眼，都會被吧檯上方那頂牛仔帽抽油煙機吸引，據說那是依他平常戴的帽子所設計的，綠牆上一棵隨風搖曳的柳樹，是出自於陶藝家豐福誠之手，就連所用的餐具也都是當代陶藝家的作品，在這裡用餐，享受的不只是大師的手藝，更享受到他藝術的品味。

　　以江戶前天婦羅為宗旨的「みかわ是山居」，現在每天仍有約八成的食材出自於東京灣，以主廚推薦套餐來說，開胃小菜之後就是一連串海鮮天婦羅，二尾車蝦、鬆軟無比的沙鮻、糯軟中帶咬勁的墨魚、蔬菜雖然只有二品，但是分別選了蘆筍、地瓜、香菇、茄子，等於每種蔬菜都吃到了，依季節更換的一品在秋天上的是炸松茸，一個人吃掉一整隻的松茸，真是太爽了！

　　雖然都是炸物，但是每一道味道都如此地鮮明，其中最讓人銷魂的便是青紫蘇葉包海膽。

　　喜歡吃海膽的人，常會覺得把海膽煮熟是暴殄天物，因為熟海膽會降低它的鮮甜，沒想到用紫蘇葉包海膽做成天婦羅，比生海膽好吃一百倍！因為裡頭的海膽還是半生熟，熱氣刺激出更濃郁的鮮甜，完全征服了我的味蕾。

　　老實說，在「みかわ是山居」吃天婦羅時，我忙著享受每一種天婦羅不同的滋味，根本沒留意它的麵衣，回來之後看了照片才發現，原來每一個食材沾上麵衣的程度都不一樣，車蝦的麵衣前厚後薄，沙鮻的麵衣則是魚肉面厚魚皮面薄，墨魚的麵衣則是薄到快要看不見……，林林總總，變化萬千，因為如何沾麵衣，根本就是一門大學問。

　　以穴子（星鰻）為例，早乙女習慣在處理穴子時，把整條魚徹底地裹上一層厚厚的麵衣，接著利用碗缽的邊緣迅速將魚皮那一側的麵衣刮掉，這是因為魚肉水分蒸發的速度比魚皮快，如果魚肉與魚皮麵衣的厚度相同，魚肉油炸到理想的程度時，魚皮必然還殘留太多水分，所以刮去魚皮部分的麵衣，可以加快逼出水分的速度，達到二百度高溫「烤」的效果，魚皮「烤」過的香氣也更為迷人。

極致的色香味感官刺激

　　在「みかわ是山居」吃穴子魚，幾乎已成為一個刺激感官的儀式，早乙女哲哉在為每一位客人送上穴子魚時，必會用他的長筷將穴子魚從中間剪開，「涮！」的一聲，熱氣直往上衝！此時香氣飄來，魚身還閃著油脂的光彩，固然燙嘴得緊，但是鬆軟的魚肉、香酥的麵衣、脆爽的魚皮融合在口中，很難想像這麼大一尾穴子，竟會讓人吃得意猶未盡！

　　食事則是以小貝柱天婦羅為主角，比較起酥香的天丼，我更喜歡加了高湯形同茶泡飯的「天茶」，因為這裡的高湯實在很好喝！

　　炸完了天婦羅，早乙女哲哉會為每位客人在菜單上簽名，只看他簡單幾筆，就勾勒出一尾活跳跳的車蝦躍然於紙上，這份菜單每一種海鮮都是以圖畫來呈現，也是出自於早乙女哲哉的畫作，當然要把它當作紀念品帶回家。

　　問早乙女哲哉，為什麼他炸的天婦羅這麼好吃？他拍拍自己的手臂，露出一抹自信的微笑說：「這是五十年經驗的累積啊！」

1	2
3	4

❶ 早乙女哲哉親自幫每位客人上星鰻時，會
　把它剪開。
❷ 早乙女哲哉被媒體譽為「天婦羅之神」。
❸ 「天茶」是天丼茶泡飯，炸物是小貝柱。
❹ 是山居的菜單由早乙女哲哉親手繪。

みかわ是山居

- 🖱 https://mikawa-zezankyo.jimdo.
  com/
- ✉ 東京都江東區福住1丁目3-1
- ☎ 03-3643-8383
- 🕐 11:30～13:30，17:00～21:00，
  週三休
- ⑤ 官網可連結至OpenTable網站，
  可直接於網上訂位
  主廚推薦套餐18,360日圓

◆　到山之上飯店向野菜天婦羅致敬　◆

　　傳統江戶前天婦羅是以海鮮為主，食材中出現蔬菜，是出自御茶水山之上飯店的創舉，山之上深受許多文人喜愛，川端康成、三島由紀夫都是山之上的常客，在天婦羅的發展中，山之上有著舉足輕重的地位。

　　山之上也培養了許多知名的天婦羅師傅，最著名的是京橋「深町」的深町正男（米其林一星）與銀座「近藤」的近藤文夫（米其林二星）；根據近藤文夫的說法，山之上出現蔬菜天婦羅是出自於他的提議，剛開始還被許多客人訓斥，但是他堅持繼續供應，終於被客人所接受。

　　現在大多數餐廳炸天婦羅用的油，都是調合沙拉油與胡麻油，但是山之上至今仍堅持全部使用胡麻油，且蔬菜天婦羅發祥於此，有一款套餐，除了二隻蝦之外，可以吃到高達十種蔬菜的天婦羅，喜歡野菜天婦羅者，不妨試試看。

❶ 野菜進入到天婦羅，
　 始自於山之上飯店。
❷ 山之上吧檯後方的木
　 櫃其實是冰箱。

山之上飯店

🖰 http://www.yamanoue-
　 hotel.co.jp/

✉ 東京都千代田區神田駿
　 河台1-1，JR御茶ノ水
　 站步行5分鐘，神保町
　 站A5出口步行6分鐘

☎ 03-3293-2311

Ⓢ 午餐：蔬菜天婦羅套餐
　 5,500日圓，天丼2,800
　 日圓，晚餐：各式天婦
　 羅套餐11,000日圓起
　 訂位：午餐時間客人不
　 少，最好事先訂

神樂坂 石かわ雖是割烹卻有料亭的細膩。

03

神樂坂 石かわ

割烹中的料亭

胖狗評鑑

美味度	★★★★★
環境舒適度	★★★★★

曾經有一次，我向住在東京的朋友抱怨：「為什麼東京的料理名店都是坐在吧檯的割烹？花那麼多錢吃飯，卻和別人肩並肩地坐在吧檯，怪不舒服的！」

聽到我這麼說，朋友翻了翻白眼說：「東京的房租貴啊！你知道銀座主要街道的店面，一坪租金可以高達十萬元台幣！」這下，換我翻白眼了！從此，我再也不敢「嫌棄」東京

割烹料理店裡的那張吧檯。

　　事實上，明治之後，從大阪開始流行的板前割烹會在東京大行其道，與東京的高房價有莫大的關係，對於想自己出來開業的廚師而言，板前割烹不但節省人事成本，客人想吃什麼可以和廚師商量再決定，對於培養客源更有助益。

　　然而，現在許多割烹名店逐漸發展出以「主廚推薦」（おまかせ）套餐來提供給客人，甚至參考料亭懷石料理的出菜順序，但是兩者相比，不管是在用餐氣氛、擺盤、菜式，板前割烹還是比懷石料理自由許多。

　　「神樂坂 石かわ（石川）」卻讓我覺得，有割烹的自由，但細膩度卻與料亭不相上下，說它是「割烹中的料亭」亦不為過。

鑽研出屬於自己的味道

　　當我抵達「神樂坂 石かわ」時，由於訂位的時間較晚，剛好碰到店主兼主廚石川秀樹正在店門口送客，只見他畢恭畢敬地彎著腰，直到客人消失在轉角，才起身。這完全是日本傳統禮法的送客之道，我只在京都的料亭見過這樣的送客禮儀，在東京的割烹還是第一次哩！

　　或許這與石川秀樹曾在赤坂老鋪料亭「きくみ」當過學徒有關，石川秀樹曾經在接受訪問時說，那段日子讓他對一家店的「格」有了完全不同的認識，從料理、器皿，到客人的層次，與過去所接觸的大相逕庭，置身於這樣的世界，他開始將全部精力投注於日本料理，休假時去學茶道，或是去骨董店、美術館看展覽學習鑑賞，他形容，當時他幾乎是二十四小時都在鑽研日本料理。

1 │ 2 │ 3 │ 4

❶ 蟹黃蟹肉烤茄子以高湯果凍
　融合在一起，酸香開胃。
❷ 炸鱧魚與銀杏佐梅醋醬，香
　酥可口。
❸ 甘鯛超級肥美，高湯中還有
　魚肉的甜味。
❹ 新鮮的鮭魚卵只要簡單調
　味，就好吃得不得了。

　　那一回在「神樂坂 石かわ」，我被安排在包廂吃飯，從進門時走過的長廊、空間裝潢到所用的餐具，呈現出來的是一種洗練又不失溫暖的氣氛，我想，這就是當年石川秀樹下苦功鑽研的成果吧！

　　讓他真正開始探索「什麼是屬於自己味道？」則是他在八重洲割烹「岡ざき」擔任料理長時；石川秀樹說，當時他將自己過去所學的一切技藝封印起來，從最基本的鹽、醬油等調味料開始，用自己的舌頭品嚐，琢磨調味料與食材間的契合度，一步步地構築出自己的料理。一開始，「岡ざき」的月營業額只有二百萬日圓，慢慢地，成長到六百萬日圓。

　　我還記得那次在「神樂坂 石かわ」用餐，第一道前菜，蟹肉的甜、蟹黃的濃、烤茄子的軟，被微酸的高湯凍融合在一起，輕易地俘擄了我的味蕾；更令我驚豔的是那一小杯鮭魚卵，本來不覺得有什麼稀奇，但是一入口，我的眼睛就發亮，驚呼著：「怎麼會有這麼好吃的鮭魚卵啊！」咬起來有彈性，咬破後又鮮又清爽，還有柚子的香氣，與醬油漬的鮭魚卵完全不同，用完餐，石川秀樹進來包廂與我們聊天，我仔細追問他這個鮭魚卵究竟是怎麼做的？

　　他毫不藏私地說：「非常簡單！就是用新鮮的鮭魚卵，加高湯、清酒調味。」什麼！這麼簡單？看我一副不相信的樣子，他再度地強調，「真的，就是這麼簡單，但是一定要用非常新鮮的鮭魚卵喔！」原來一年四季都看得到的鮭魚卵，也有新鮮與不新鮮之分，新鮮的鮭魚卵，取出後立即泡鹽水即可保鮮，根本不需要加醬油醃漬，這種以新鮮的鮭魚卵僅僅加高湯、清酒、柚子皮來調味，正是石川秀樹試驗各種調味料之後，摸索出來的「屬於自己的味道」。

他說：「好吃的東西，不需要太複雜的調味，盡力地去表現它原來的味道，就很好吃了！」這句話絕對不是故作姿態，「神樂坂 石かわ」的每一道菜，也真的就是這樣的風格。

這天的椀物（清湯）是煮蕪菁與甘鯛，烤物是黑喉與蓮藕，煮物是鴨肉鍋，都是看起來簡單到不能再簡單的料理；但是甘鯛肥美、蕪菁水嫩、黑喉細緻，魚皮焦香，蓮藕輕輕刷上醬油、味醂來烤，更凸顯蓮藕的脆甜；這些菜式的調味一點也不複雜，但是論火候，增一分嫌老，減一分失其香，食材優點表現得淋漓盡致。

一飯三吃的絕妙滋味

負責接待我們的服務生雖然年輕，看得出訓練有素，每一道菜端上來時，都想盡辦法用日、英文夾雜地解釋，但最後一道食事，竟是石川秀樹親自拿著厚重的釜鍋進來，一掀開，蒸氣如湧泉，他笑著說：「這是用今年剛出來的新米煮的飯！」

秋天，是新米上市的季節，石川秀樹親自端出米飯給客人，更凸顯出他對於米飯的重視。他一邊盛飯，一邊建議說：「第一口，請先品嚐新米的滋味；接下來，可以把鯛魚肉加進來一起吃；最後，再加高湯吃茶泡飯！」果然是「一飯三吃」的模式。

這是一道很特別的食事，有一點松江老鋪旅館「皆美」家傳的「鯛めし」（鯛魚飯）的影子，但又不太一樣。「皆美」的鯛魚飯，相傳是松江藩第七代

❶ 黑喉魚皮有焦香，肉質
　非常細緻。
❷ 食事是鯛魚鬆茶泡飯，
　鯛魚鬆炒得非常香鬆。
❸ 包廂的裝潢典雅溫暖。

藩主松平不昧受到長崎商人西洋料理的影響，再融合日本料理的特色，在舉辦茶會時經常端出的一道料理；明治時期創業的皆美旅館，初代料理長考據了許多資料，把鯛魚肉炒成魚鬆，配上蛋黃鬆、白蘿蔔泥、海苔、蔥，再添加高湯做成茶泡飯。

「神樂坂 石かわ」的鯛魚飯配料沒有那麼複雜，但是鯛魚鬆加了淡醬油調味，吃起來有淡淡的鹹香，光是這鯛魚鬆配飯已極好，再加上海苔、芥末、米果、高湯，變成茶泡飯，又是另一種滋味。

這麼一鍋白飯，我和老公兩人當然吃不完，「神樂坂 石かわ」貼心地把剩下的白飯與鯛魚鬆捏成飯糰，讓客人帶走，第二天，我把鯛魚鬆飯糰當作早餐，發現這米飯即使冷了，竟沒變乾硬，一樣很好吃。

苦盡甘來的三星榮耀

「神樂坂 石かわ」從二〇〇九年開始連續拿下米其林三星，每天都高朋滿座，但是石川秀樹剛剛出來開店時，就這麼成功嗎？

其實「神樂坂 石かわ」營運之初，並不順遂；二〇〇三年，石川秀樹擔任料理長的「岡ざき」經營易手，他與當時的同事小泉功二決定獨立出來開店，實現夢想的興奮蓋過了初創業的緊張，但是一個月之後，從晚上到消夜，常常只有小貓兩、三隻，還曾經發生一連三天沒有一個客人上門的紀錄，為了維持店內的營運，石川秀樹把父母的房子拿去銀行抵押貸款，那時他欠了一屁股債，沮喪得要命！

　　當時只有他與小泉功二兩個人，根本無法應付中午、晚上都供應需要很多準備工作的割烹料理，「不想端出品質不佳的東西給客人」，所以他們做了一個決定，中午只賣蕎麥麵與天婦羅，晚上才做割烹料理，即使中午只是簡單的套餐組合，他們同樣一絲不苟地製作高湯、處理每一個步驟，慢慢地，中午來吃過蕎麥麵的客人開始預約晚上的割烹料理，這樣的狀況持續了一年，「神樂坂 石かわ」名聲漸起，吸引了媒體的報導，經營才步上軌道。

　　石川秀樹說：「現在回想起那段日子，老實說，一年的時間並不算長，但是那時候覺得好苦啊！所以總覺得特別長。」二〇〇九年東京米其林指南第一次把「神樂坂 石かわ」列為三星，得到消息的那一天，石川秀樹想到一路走來支持他的客人、供應商，激動地哭了！

　　如今，除了「神樂坂 石かわ」，石川秀樹旗下還有二間餐廳，由小泉功二擔任料理長的「虎白」，在二〇一六年由二星升至三星，另一家「蓮」則是二星，如此耀眼的成績，東京都內無人出其右。

　　石川秀樹說：「雖然得到三星很高興，但其實現在的作法，和過去沒有什麼不同，每天還是要按部就班地把事情做好。」

石川秀樹對米飯的品質非常重視。

神樂坂 石かわ

🖰 http://kagurazaka-ishikawa.co.jp/
index.html

✉ 東京都新宿區神樂坂5-37，高村
ビル1F，地下鐵大江戶線牛込神
樂坂站A3出口徒步5分鐘，地下
鐵東西線神樂坂站A出口徒步7分
鐘

☎ 03-5520-0173，需預約

🕐 17:30～24:00，周日、假日休

💲 主廚推薦套餐19,000日圓

「東京龍吟」的沙西米，在種類與調味，都優於台灣的「祥雲龍吟」。

04

東京龍吟

無可取代的
東京日料首選

胖狗評鑑

美味度　★★★★★
環境舒適度　★★★★
（座位間距太近）

前陣子有位朋友到東京，只有一天可以安排去吃一頓日本料理，翻開米其林指南，面對兩百多家星級餐廳，不知該挑哪一家？朋友私底下問我，我想了想，說：「龍吟！」

「要吃龍吟，在台灣吃就好，幹麼要跑去日本吃？」朋友有點不以為然，自從二〇一四年十月，龍吟主廚山本征治跨海來台開了祥雲龍吟後，對於台灣許多饕客而言，龍吟不再那

麼遙遠，朋友有這樣的想法並不奇怪；台灣的祥雲龍吟也可以嚐到山本征治著名的○・九高湯，但為什麼我還是覺得東京的龍吟不容錯過呢？

台灣的「祥雲龍吟」約有六、七成的比例是使用台灣食材，台灣有些食材表現的確不俗，比方說，台灣的綠竹筍就比日本的春筍好吃，山本征治盡可能以當地食材做日本料理的想法，不但環保，也為台灣開創了日本料理的新境界，這份企圖心值得讚許，但是對任何一個廚師而言，窮盡一生的精力，也不可能掌握所有食材的特性，日本食材是他經年累月不斷接觸，掌握度自然更高，更何況，我們去日本吃日本料理，不也正是為了那些在台灣較少吃到的各種日本食材嗎？

更重要的是，山本征治並沒有因為了解了這項食材的處理，就停止對它的探索；以京都最富夏日風情的鱧魚料理為例，從古至今，京料理的師傅面對多刺的鱧魚，早已研究出一套切碎魚骨的方法，但是咀嚼時還是會有咬到碎骨的感覺，山本征治卻把鱧魚拿去照Ｘ光，透過Ｘ光，他清楚地看到鱧魚的魚刺是斜的，於是他把砧板傾斜二十五度角，以十個切點垂直下刀，將魚骨切成平整的斷面，魚骨雖然還在，咀嚼時卻感受不到。

以食器命名的料理

「お椀」中的○・九高湯，也是山本征治征服許多老饕的另一項利器。

「お椀」是以水、昆布、柴魚片所製作的高湯，佐以烹調過的魚貝類及季節蔬菜，在懷石料理出菜的次序，通常是第二道或第三道出現，不論哪一家料亭，必定用漆器碗來裝盛，這個附有碗蓋的漆器碗就叫做「お椀」，換句話說，它是以食器的名稱來命名的一道料理。

在平安時代，只有擁有官家血統的人才能使用漆器，由於漆器具有質地輕、隔熱佳、保溫效果好、可以鎖住香氣的特性，所以打開碗蓋的那一剎那，高湯的香味撲鼻而來，裡頭的高湯再熱，拿著也不覺得燙手，可以仔細地品嚐高湯細緻的風味，非常能表現日本工藝文化與料理的精華。

昆布裡的麩胺酸與柴魚的肌苷酸，都是天然的鮮味劑，從室町時代開始，日本人發現這二種鮮味組合產生了絕妙的風味，讓日本料理的美味產生大躍

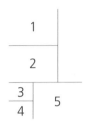

```
        1
      ┌────
        2
     ┌─────
      3│
      4│  5
```

❶ 不管是東京、台灣、香港
　的龍吟,「お椀」必是山
　本征治的○・九高湯。

❷ 左邊是蛤蜊清湯,右邊是
　春天的野蔬佐松子醬汁。

❸ 隱藏版的雞肉飯,只有少
　少的一小口。

❹ 東京龍吟也會出現充滿粵
　菜風格的「雞包翅」。

❺ 鱉肉茶碗蒸,兼顧視覺與
　味覺。

進。

　　日本高湯的製作，不像中式料理或法式料理的高湯那麼繁複，但是日本高湯也分成第一道高湯與第二道高湯；把昆布浸泡出味後煮沸，關火加入柴魚片，待柴魚片緩緩沉入鍋底，瀝出的高湯就是第一道高湯，由於味道清爽甘甜，適合拿來做清湯的湯頭；至於第二道高湯，則是將在第一道高湯使用過的昆布、柴魚片，再加水煮沸，最後再補充柴魚片進去，味道雖沒有那麼清爽，卻更濃郁，因此比較適合做燉煮料理，容易引出其他食材的風味。

　　如此簡單的日本高湯，實際煮起來每次都不太一樣，除了水質、昆布、柴魚片本身的差異之外，最困難的是如何掌握柴魚片與熱水相遇後，釋放出來香、苦、酸、甘的滋味。時間太短甘甜味出不來，時間太久，苦味與酸味又會跑出來，這些對於薄如蟬翼的柴魚片而言，幾乎都是一瞬間的差異，日本名廚小山裕久在《日本料理神髓》一書中指出，他花了五年時間每天不斷實驗，才找出他理想中高湯的滋味，而他的訣竅是，「把柴魚片削厚一點」。

　　師承小山裕久的山本征治，同樣採取「把柴魚片削厚一點」的方法，但他只在上桌前二分鐘，才把柴魚片削好；之所以稱「○．九高湯」，是指「在第一道高湯完成前那一瞬間的味道」，因此不是一，而是○．九，這○．一的差距，代表著他對極致的追求。

❶ 前面是烤海膽酪梨，後面是喜知次包茄子。
❷ 和牛菲力是以醬油拌春天的野蔬當醬料。
❸ 山椒飯，完全被這嬌豔的色彩吸引。
❹ 分子料理的甜點，讓你體驗200度溫差的樂趣。
❺ 加了大吟釀的舒芙蕾，有濃濃的和風。

| | 1 | 2 | 3 | 4 | 5 |

華麗多彩的饗食盛宴

我造訪東京龍吟時，正值櫻花盛開的春天，雖然沒吃到山本征治以Ｘ光研究出來的鱧魚料理，但是對於整套料理表現出春天野菜的香氣與嬌豔，印象非常深刻。

比方說，首先上來的前菜，一小杯的蛤蜊清湯絲毫沒有腥氣，旁邊春天的蠶豆、蔬菜、白蔥、微炙的雞肉，佐上松子醬汁，咀嚼起來有各種不同的口感，芳香撲鼻。另一道鱉肉茶碗蒸，入口之後，發現鱉肉口感比雞肉更細緻，高湯還特別使用牛蒡高湯，增加一股草木的野香。

幾次造訪，覺得東京龍吟與台灣「祥雲龍吟」最大的差別，是沙西米；東京龍吟的沙西米更豪華！種類高達六種不說，而且格外在調味上下功夫，鮪魚用醬油淺漬、墨魚則以味噌調味，中間的蟹肉杯不但用醋漬，還拌上蟹黃，濃郁與清甜，相互輝映。

烤物的搭配，則讓人眼睛一亮，北海道的喜知次捲上茄子，溫潤柔和；酪梨的奶油香與海膽的甜味，竟是那樣地契合，更不要說最後的和牛菲力，佐上以醬油拌過的木之芽、芫荽、蠶豆，硬是比一般的醬汁多了一股清香。

龍吟也是一個很會和客人「玩心思」的餐廳，當侍者端出米飯，掀開鍋蓋的一剎那，總是引起客人「哇！」一聲讚歎！這天吃到的是「山椒飯」，淡淡

的山椒香氣伴著五顏六色的蔬菜丁，加上自製的魚鬆，燦爛奪目；當第一道米飯華麗登場之後，如果你還覺得意猶未盡，它永遠提供第二道「隱藏版」的米飯，儘管肚子已經飽了，但是誰會放棄這「隱藏版」的米飯呢？

以雞高湯炊煮的雞肉飯，糯軟香甜，由於在後面登場，隱藏版米飯的味道總是比第一道米飯濃郁，一、二口的分量，滿足了客人貪吃的心理，卻不會過撐。

龍吟也總是為客人準備二道甜點，招牌甜點帶有分子料理的色彩，敲開糖蛋之後，裡面是打進零下一百九十六度液態氮的芒果粉，外面淋上煮到九十六度的芒果果醬，讓你體驗二百度溫差的樂趣。

第二道甜點，則是加了大吟釀的舒芙蕾，佐上冰淇淋，淡淡的酒香在口中四溢，說它是「洋菓子」，又帶有濃濃的日本風。

「龍吟」的菜，總是那樣華麗多彩。雖然融入了新技法，也不排斥外國食材，但骨子裡卻是傳統的日本料理；如果想在一餐內，吃到各種「日本料理的可能性」，兼顧視覺與味覺的滿足，捨「龍吟」其誰？

東京龍吟如今已是米其林三星餐廳。

龍吟

🖱 http://www.nihonryori-ryugin.com/ja/

✉ 東京都港區六本木7-17-24，サイド六本木ビル，坐地鐵日比谷線六本木站2號出口步行約2分鐘

☎ 03-3423-8006

🕐 週日及例假日休、每月亦不定休

$ 27,000日圓＋10％，包廂＋15％，每月一號開放下一個月訂位，英文可，但外國觀光客需請旅館代訂，勿穿著T恤、短褲、涼鞋，避免擦味道過重的香水，雖不禁止攝影，但需注意勿失手砸壞餐具。

Narisawa 曾獲得2013「Asia best 50 Resturant」第一名。

05

Narisawa

一場從森林到海洋的
華麗展演

胖狗評鑑

美味度	★★★★★
環境舒適度	★★★★★

頂著二〇一三年獲得「Asia best 50」第一名的光環，Narisawa，這間以主廚成澤由浩自己的姓氏為名的餐廳，總是座無虛席。

雖然老是有人質疑這個由英國《Resturant》雜誌發起、聖沛黎礦泉水贊助的「Asia best 50」的客觀性，但是Narisawa連續多年拿下米其林二星的肯定，廚藝自然毋庸置疑。

我會受Narisawa的吸引，則是因

為一張照片：一塊木板上堆了幾片葉子、綠色、黑色的粉末，還有些像枯木一樣的東西……，就像是森林的一角，奇怪，這家餐廳究竟要給客人吃什麼？

終於，在二〇一五年秋天，我成功地訂到Narisawa的位子，方才解了心中的疑惑。

先說說訂位技巧。

森林主題餐點

Narisawa訂位最大的優點，是在官網上即可預約，而且為了服務外國觀光客，設有英文界面；官網從每個月第一個營業日（通常是一號，遇公休日則順延），可以訂下一個月的位子，例如五月一號開始接受六月的訂位。

每次臨時起意想去吃Narisawa，在官網輸入日期之後，總是跳出來「Currently unavailable for reservation」，一度讓我懷疑，這官網預約是不是玩假的？二〇一五年初秋赴東京時，我下定決心一定要吃到Narisawa，幾天前就先註冊好個人資料，一號上午十點整（日本時間是十一點），我就坐在電腦前面上網訂位，終於訂到了想要的時間，過了一小時，我好奇地再上Narisawa官網查詢空席情況，果然，有位子的日期已寥寥無幾。

話說回來，那吸引我的「木板上的粉末」，究竟是什麼？原來那道菜叫做「森林的前菜——里山的風景」。

❶ 森林的前菜之一，先喝杉木杯中的高湯，再享用豆腐渣做成的青苔、土壤，樹木是牛蒡。
❷ 森林的麵包（發酵前）。
❸ 森林的麵包（發酵後）。
❹ 侍者端出海蛇，展示熬湯材料。

那綠、黑色的粉末，是用菠菜、竹炭上色過的豆腐渣，就像森林中的青苔與土壤，更妙的是，土壤中還藏著豆漿起士，烤過的牛蒡代表枯木，香草散落其間，就像是森林；旁邊一小杯用杉木杯裝的「水」；侍者說，吃這道菜時要先喝這杯水，「讓口中淡淡的杉木香，帶著你走入森林。」他還建議，吃的時候不要用餐具，直接用手抓，侍者笑著說：「希望你用最原始的方法，來享受這片森林！」

「森林的前菜」當然不止「青苔與土壤」，另外還有三樣小菜，分別是以薑調味的炸甲魚、混合了竹莢魚與蔥花的湯葉、還有黑色的炸洋蔥；就在你慢慢享用這前菜組合時，另外一齣戲正悄悄地上演，放在桌邊一角的是「森林的麵包」，正在藉由時間的催化，慢慢發酵。

隨劇情起伏的味覺之旅

嚴格說起來，這個放在花草籃裡的東西，還稱不上是麵包，只能算是個麵團，Narisawa是個很會營造用餐趣味的餐廳，它把麵團大刺刺地放在你眼前，就是刻意要讓你親眼目睹整個麵團發酵的過程。

等待麵團發酵的時間，我們又吃了一道菜，這是一道湯品，聽侍者解釋這道湯品使用的食材，有冬瓜、芋丸，以及……蛇？！

沒錯！這是用海蛇熬的高湯，就在我細細品嚐高湯黏唇的口感、清爽的鮮

味時，侍者拿出了一條黑呼呼的海蛇，指著它說：「就是用它來熬的湯。」驚呼聲中，每組客人都搶著拍這條海蛇（當然是死的），很難想像，這麼醜陋的東西可以變身為這麼美味的高湯。

吃完了兩道菜，瞥一眼旁邊正在發酵的麵團，嘿！果然已經「長大」了不少，不過，麵團還得拿去烤，趁著烤的時間，我們又吃了一道菜。

這個時候，餐點的主題已開始由「森林」轉變成「海洋」。藍色的盤子像大海，上頭有昆布漬過的牡丹蝦、鮭魚卵，其中的甘鯛，是明石的漁夫在捕獲後立刻放血、抽神經，靜置了一晚後，當天早上才送來的，點綴其中的泡泡醬汁，清爽酸香，原來是用青柚、昆布、米醋打出來的泡泡。

期待已久的「森林的麵包」終於熱呼呼地出爐了！依據不同的季節，麵團內會放入不同的食材，我們在初秋季節造訪，麵團中有青柚與栗子，柔軟香甜，不抹奶油就很好吃，說到奶油，奶油又在哪裡呢？

哈！原來跟著麵包一起上來的「黑色的土壤」，就是奶油！同樣是黑土壤，這回包覆在外表的黑粉末不再是竹炭，改用黑橄欖，與麵包的風味更搭；這一點點小改變，即可看出成澤主廚的用心。

日本是個海產豐富的國家，當餐點的旋律從「森林」轉入了「海洋」，當然不會輕易地結束，這時端來了一道小品，是用文蛤、魚肉加上高湯所做的煮物，鮮美可口，淺嚐完小品，又開始另一波高潮。

接下來這道菜，它的原名應該是「Ash 2009」；成澤由浩常常以推出該道菜

| 1 | 2 | 3 | 4 |

❶ 藍色的盤子像大海，上面有甘鯛。
❷ 森林的麵包（烘烤後），旁邊的土壤是奶油
❸ 燉煮的文蛤與魚肉，是一道鮮美的小品。
❹ 撒上零下167度液態氮柚子粉，灰煙立刻湧出。

色的年份，再冠上主題來為菜色命名，換句話說，這是在二〇〇九年發表的一道以「灰」為主題的菜色，只見深褐色的陶盤上放了一塊烤好的土魠魚，怎麼看，都看不出它與「灰」有什麼關聯？

此時侍者拿出一個大容器，當他把一匙粉末撒在土魠魚上，整個盤子立刻冒出灰煙向四周擴散，原來那是打入零下一百六十七度液態氮的柚子粉！突然之間，我覺得那褐色的陶盤像一艘漁船，彷彿漁夫在海上遇到狂風暴雨，捲起了驚濤駭浪，視覺真是效果一級棒！

分子料理背後的小巧思

下一道湯品，極素樸地乘裝在一個小木碗中，但它卻有個氣勢磅礡的名字——「Luxury essence 2007」，真正的奢華其實藏在湯裡的食材，裡面有靜岡縣的赤海老、山口縣的鮑魚，高湯則是用豬肉、雞肉、火腿蒸了六個小時才淬取出的精華，據同行的朋友告訴我，以前她吃這道湯品時，覺得太鹹，這天卻覺得剛剛好，顯然成澤主廚後來調整了口味。

另一道令人印象深刻的是輕炸伊勢龍蝦，龍蝦肉質鮮甜、口感扎實，自不必說，令我驚訝的是旁邊的烤番茄，小小一顆，卻是我吃過最甜的番茄。原來它是高知縣著名的「水果番茄」。

Narisawa另一道招牌菜，則是「Sumi（炭）2009」，即黑炭神戶牛排。這

1	3
2	4
5	6

❶ 素樸的木碗盛著超奢
華的赤海老、鮑魚。

❷ 輕炸伊勢龍蝦佐超甜
的水果番茄。

❸ 像黑炭的神戶牛排。

❹ 黑炭神戶牛排切開
後，肉色鮮紅粉嫩。

❺ 抹茶口味的甜點展現
日式風情。

❻ 栗子脆片與麻糬的甜
點，器皿非常講究。

塊神戶牛排真的像個大黑炭！但別被它的外表騙了，以為它是一塊硬邦邦的牛排，刀一切，肉色鮮紅，不帶血水，非常柔嫩多汁，這塊牛排外表覆蓋著炭化的韭蔥粉，以低溫烘烤了一個多小時，過程中要不斷地淋上橄欖油，佐以日本紅酒與葛粉做成的醬汁，波斯菊與銀杏點綴其間，這種高視覺的反差，讓這道菜成為Narisawa最著名的招牌菜。

二道甜點一綠一褐，綠色的以抹茶為主角，展現了傳統日式風情；褐色是栗子脆片、cream與柚子麻糬，多了分法式的雅致；兩道甜點分量不多，都很好吃。

最後佐咖啡的甜點車，布滿了花草，種類豐富得令人開心，侍者解釋每一種小甜點，我根本記不住哪個甜點是什麼，只想著該吃什麼好，最後決定「每一種都要一個！」讓侍者嚇了一跳，害我不好意思地說：「我和我老公一起share」他才收斂了吃驚的表情。

Narisawa擅於使用液態氮、炭化等技巧製造視覺效果，因此很多人把它歸類為分子料理，但我卻覺得它最大的特色，是把對自然環境的概念融入了料理之中，以自然為師，從山林、海洋擷取創作靈感，難怪成澤主廚能在名廚雲集的東京占有一席之地。

甜點車琳琅滿目，客人可挑自己喜愛的品嚐。

Narisawa

🖱 http://www.narisawa-yoshihiro.com

✉ 東京都港區南青山2-6-15，地鐵銀座線、半藏門線、大江戶線青山一丁目站5號出口步行2分鐘

☎ 03-5520-0173，需預約

🕐 訂位：每個月一號上午11:00（台灣時間10:00）官網開放下一個月的訂位，週日休

06

Edition

連低卡餐
都讓人驚喜連連

胖狗評鑑

美味度 ★★★★★
環境舒適度 ★★★★★

奶油，是法式料理中最重要的材料，傳統的法式五大母醬：貝夏梅醬（Béchamel）、絲絨濃醬（Velouté）、褐色醬（Espagnole）、番茄醬（Tomato sauce）、荷蘭醬（Hollandaise），每一種在製作時都會用到奶油，過去法式料理認為炒麵糊是讓醬汁變濃稠的關鍵，炒麵糊的兩種材料就是麵粉與奶油。

一九七〇年歐洲掀起新式烹調（Nouvelle Cuisine）風潮，代表人物如Paul Bocuse等人，一改傳統法

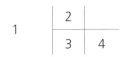

1

	2	
1	3	4

❶ Edition 2007年開業，隔年即獲得米其林二星。

❷ 螺旋狀的蔬菜煎餅，展現十足的創意。

❸ 朋友的海膽前菜，顏色鮮麗又好吃。

❹ 低卡餐的前菜，以鮪魚中腹與生鴨肉火腿，上面撒著爆米花。

式料理把肉燉到軟爛、泡在一堆濃糊醬料的特性，強調肉類要鮮嫩，蔬菜要爽脆，醬汁也不再以炒麵糊為基底，這股清新風格影響至今，現在的法式料理，幾乎都以Nouvelle Cuisine為主流。

即使現在許多高級西廚揚棄了炒麵糊，但是要把醬汁變濃稠，加入奶油打至乳化，仍是常見的手法，否則稀稀疏疏的醬汁無法沾附食材，更不能在盤上作畫，成為實用又富藝術氣息的盤飾。

所以當我聽到Edition的主廚下村浩司，可以不用奶油、牛油，做出一整套頗受好評的法式料理，就讓我非常心動；如果只是一道菜沒用奶油，還算容易，但是一整套宴席，就要考慮口味的濃淡轉折，能不用到奶油，就真的不容易了！

特別是對於愛吃如我輩者，享受完美食，最大的後遺症就是體重直線上升，常常吃到所謂的健康低卡餐，總覺得噱頭大於實質，不然就是清淡有餘、

味道不足;如今,一位米其林二星主廚勇於突破法式料理的傳統,說什麼,也得去試試。

真才實學的米其林主廚

為了讓同桌客人能在最佳時間一起品嚐料理,Edition規定,同一桌客人只能點一種套餐,我透過朋友訂位時,說明了我有採訪的計畫,下村浩司破例讓我們這桌三個人點兩種套餐;甫一見面,他就說:「我想讓你試試我的健康低卡餐!」太棒了!這正是我此行的目的,但是老公與同行的朋友對於低卡餐興趣缺缺,他們點的都是有用奶油「正常餐」,如此一來,我一次就能見識到兩種餐的差別,更能比較其中的不同。

不同於近年來有些法菜主廚到法國待個一、二年,回到東京就頂著「留法」的光環開餐廳,下村浩司一九九〇年赴法,一待就是八年,分別在一星、二星、三星餐廳學習,回到日本後,他多次為法國大使館舉辦晚宴,還曾受到擁有龐大美食帝國、創下米其林有史以來最多星星的世紀名廚艾倫‧杜卡斯(Alain Ducasse)的讚賞,二〇〇七年他的Edition在六本木開張,隔年立刻拿下東京米其林二星,至今不墜。

一開始的開胃小品,螺旋狀的蔬菜煎餅就讓人眼睛一亮。這煎餅真是可愛!正面是橘紅色,反面是黑色,分別以紅蘿蔔、竹炭、甜菜根等蔬菜做成,令人訝異的是,完全沒有用麵粉竟然有煎餅的口感,Edition一開場,就展現十足的創意。

嚴選日本國在地食材

三個人點兩種套餐已經是Edition的破例,更令我受寵若驚的是,下村浩司為我們三個人分別準備了三種前菜,朋友的是顏色鮮麗的海膽,老公的是牡丹蝦佐白花椰菜與薄荷打的冷湯,我的健康低卡餐,是鮪魚中腹伴著風乾的生鴨肉火腿,上面撒著大分縣由布院產的爆米花。

1	2
3	
4	5

❶ 海水果凍牡蠣佐黑海苔，是Edition的招牌菜。

❷ 正常餐的煎鴨肝與獺祭清酒做的醬汁。

❸ 煎干貝配生火腿與牛肝菌濃湯，竟然沒有用一點奶油。

❹ 低卡餐也能吃到龍蝦，帶點辣味層次更豐富。

❺ 乳鴿肉嫩得不得了，還帶有一點野味。

　　我偷吃了一口他們兩人的前菜。坦白說，論賣相、論味道，我的鮪魚中腹並沒有他們的厲害，就在我對健康低卡餐有點小失望之際，第二道前菜，我的低卡餐立刻扳回一城。

　　因為我的「海水果凍牡蠣佐黑海苔」實在太讚了！那透明的果凍，是用海水、檸檬汁、柑橘汁做成，略冰且明顯的酸，把微炙過的牡蠣，襯得鮮甜度加了好幾倍，加上黑海苔香氣，完全是大海的滋味！正常餐的鴨肝固然肥腴好吃，以獺祭清酒做的醬汁也別出心裁，但是鴨肝畢竟常常吃到，比較起來，這海水牡蠣所表現的味道與創意，更深得我心，看到我對這道菜豎起大拇指，侍者笑著說：「海水牡蠣，是我們的招牌菜呢！」

　　如果你以為下村浩司的健康低卡餐，賣的只是鮮甜清爽，那就大錯特錯了！因為接下來這一道菜，讓我大開眼界。

　　煎干貝配生火腿碰撞出來的鹹、香、鮮、甜，本就惹人好感，更絕的是，倒進來的牛肝菌、朝鮮薊打出來的濃湯，牛肝菌濃湯在法國料理中頗常見，但這濃湯竟然可以沒有用一滴奶油，那這種乳化的質感，是怎麼做出來的？

　　下村浩司解釋：「其實不一定要用奶油，只要用機器不斷地高速攪打，一樣可以打出這種乳化的質感！」原來，這就是下村浩司不用奶油的祕密，我喝著這濃湯，覺得牛肝菌的味道更明顯，雖然少了奶油的香氣，卻多了一種清新。

| 1 | 2 | 3 | 4 |

❶ 低卡餐肉料理用伊比利豬，竟像在吃牛肉的感覺。

❷ 熱帶水果做的「白色甜點」要趕快吃，香氣會隨時間散掉。

❸ 這一小杯果凍，竟用了11種香料。

❹ 在東京吃到最好吃的栗子蒙布朗，竟然是在Edition。

　　Edition的「低卡餐」用料豪華、調味豐富，如果不是刻意提醒，根本不覺得自己是在吃「低卡餐」；例如，當「正常餐」上了蝦夷鮑佐烤蘑菇與卷心菜，「低卡餐」就來個龍蝦配燉菜，豪華程度絲毫不遜色，更意外的是，龍蝦燉菜的調味加了辣椒，一點點的辣味讓這道菜的層次變得鮮明豐富，我雖然欣賞龍蝦的料理手法，但看到鮑魚就偏心地幫它加了好幾分，所以只好判它們：平手！

　　同樣的狀況，也發生在肉料理上。

　　「正常餐」的肉料理是烤乳鴿佐加賀產的蓮藕、扁豆與菠菜，烤乳鴿嫩得不像話，那股特殊的野味更令人回味無窮；「低卡餐」的肉料理則使用伊比利豬排，配上顏色鮮豔的根莖類蔬菜。

　　伊比利豬肉，向來是全球高級餐廳喜歡使用的食材，因它油脂豐潤不膩，以橡果作為飼料，讓它的肉質吃起來有淡淡的果香，這伊比利豬排煎得火候極佳，一入口，竟有一種像是在吃牛排的感覺；如果兩道主菜只能選一道，還真讓人難以抉擇。

藏著萬千心思的創意甜點

　　法式料理一向重視甜點，許多知名的法菜餐廳都會另外聘一個甜點主廚，

1 | 2 | 3

❶ 番紅花柑橘布丁，竟
　然有蟹黃味？
❷ 下村浩司不但法式料
　理功力深厚，更喜歡
　研究甜點。
❸ Edition對觀光客很友
　善，官網即可訂位。

但是下村浩司說：「我超喜歡研究甜點，所以我都自己做甜點！」一句話，又
勾起我的好奇心，果然，接下來的甜點，又是一連串的驚喜的開始。

　　「低卡餐」的甜點，白盤上一大坨白色慕斯，我拿著相機正猶豫該怎麼
拍「這一整個白」時，下村浩司催促我：「這甜點要趕快吃，不然香味會散掉
喔！」胡亂地按了兩張照片，我拿起湯匙舀了一勺，一吃下，我的眼睛立刻瞪
得像銅鈴大，「天啊！這是什麼樣的香味啊？」

　　混合了鳳梨、椰子、荔枝……，各種熱帶水果打出來的泡沫，散發出一種
迷人的酸香，卻又非常協調，原來這香味會隨時間一點一點地流失，下村浩司
取笑我說：「妳拍照耽誤了時間，所以妳只嚐到這香味的六分而已！」什麼？
六分已如此香氣襲人，真難想像，如果它一上來我就立刻吃掉它，會是什麼樣
的滋味？

　　此刻正是日本栗子的產季，「正常餐」的甜點是栗子蒙布朗，下村浩司在
設計這道甜點時，刻意設計了它的專用盤，原來Edition所用的許多盤子，都是
下村浩司親自設計的，盤子中有座突起的小丘陵，栗子蒙布朗就沿著突起的弧
度一路往上爬，最上方是一顆好大的栗子，他說，這是產自於熊本縣的栗子，
是皇室才能享用的等級哩！

Edition

- http://www.koji-shimomura.jp/
  index.html
- 東京都港區六本木3-1-1
  （Roppongi T-Cube 1F）地下鐵
  南北線六本木一丁目站1號出口步
  行3分鐘
- 官網即可訂位
- 午餐6,000日圓起，晚餐15,000
  日圓起，健康低卡餐13,000日圓

　　一直對栗子蒙布朗沒有特殊感覺的我，抱著姑且一試的心理淺嚐了一口，啊！滿口都是栗子的芳香，想想以前吃的栗子蒙布朗，真不知道到底是在吃什麼！

　　另一道讓我印象深刻的甜點，是以番紅花與柑橘醬做成的布丁，我吃了一口，立刻驚呼：「為什麼這個布丁有蟹黃的味道？」惹得下村浩司哈哈大笑，這布丁當然沒有加蟹黃，顯然是他施了神祕的魔法。

　　下村浩司說，他喜歡到世界各地旅行發現新食材，像最近他到南美洲，就沉迷在香料的世界裡，他拿出一個木盒，裡頭裝了各種我從來沒見過的香料，「這些都是從南美洲帶回來的！」他指著我面前那一小杯以酪梨、蘋果、葡萄柚做成的果凍，說：「這道甜點裡面，就用了十一種香料哩！」

　　下村浩司深厚的法菜功力，讓他在表現料理的創意時，顯得格外遊刃有餘。有趣，卻不離經叛道；Edition的「正常餐」好吃，「低卡餐」令人大開眼界，甜點，更教人驚豔！

　　去過了Edition，從此，我再也不敢說低卡餐不好吃！

07

いし橋壽喜燒

喚起日本人的幸福記憶

胖狗評鑑

美味度	★★★★★
環境舒適度	★★★★

「鍋子正咕嚕咕嚕地煮著。男子用筷子俐落地把紅色的牛肉翻面,把變白的那面朝上,

被斜切成薄片的大蔥,蔥白的部分逐漸變黃,沉入褐色的汁液裡⋯⋯」

這是日本文豪森鷗外的短篇文章《牛鍋》開場的一段文字。這段文字生動地描繪了吃牛鍋的情景,男子的每一個動作,與我面前的女中(女侍)烹調壽喜燒的模樣,幾無二致。

關東的「牛鍋」與關西的「鋤

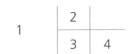

① いし橋是創業於明治五年的老鋪。
② いし橋的前菜非常精緻，有料亭風。
③ 霜降與ロース，兩盤都是A5等級的和牛。
④ 烹調壽喜燒一開始要先用牛脂在鐵鍋中抹油熱鍋。

燒」，被視為今日壽喜燒的起源。鋤燒源於農夫在田裡忙著農活，肚子餓了就把肉、蔬菜放在鐵鍬或鋤頭煎烤，並以醬油來調味的料理；牛鍋則源於古時獸肉的燉煮之法，是將牛肉、蔥、豆腐等各種蔬菜放入鐵鍋內燉煮，並加入味噌調味；關東大地震之後，關西的鋤燒傳到了關東，改變了牛鍋的形式，牛鍋由原來用味噌調味，變成用醬油、砂糖、味酥來調味，更仿效鋤燒沾生蛋汁的吃法，變成今日的壽喜燒。

獨門醬汁祕傳女將

牛肉價格高昂，在許多日本家庭裡，遇有高興的事情，爸爸便會買來高級的牛肉吃壽喜燒。平常不進廚房的爸爸，突然搖身一變成為大廚，孩子們口水直流地緊盯著父親的每一個動作，當老爸親手把一片片牛肉夾到每個人的碗

中，彷彿在說：「吃吧！這可是我辛苦賺錢買來的！」當孩子們大口地把牛肉吃進嘴裡，發出幸福的歡息聲，所有的辛苦都是值得的。

在日本人心中，吃壽喜燒意味著吃高級的牛肉，是每一個日本人幸福的記憶，但是在關東與關西，壽喜燒的作法大不同；很多關東人到關西吃壽喜燒時會嚇一跳！牛肉片放進鐵鍋煎時，怎麼一個勁兒地往肉片上撒砂糖？待砂糖融化以後才加醬油進去。

關東風壽喜燒是用事先調好的醬汁來烹煮牛肉與蔬菜，所以每家壽喜燒因醬汁的配方不一樣，味道多少有些不同；明治五年（1872年）創業的石橋（いし橋），是純正的關東風壽喜燒，也是米其林一星的名店，當我看到女侍俐落地煎肉、加醬汁、煮蔬菜、加昆布水時，我好奇地問她：「這醬汁裡頭有什麼？」只見她聳聳肩、搖著頭說：「我也不知道，只有老闆娘知道。」原來「いし橋」獨特的醬汁配方，只傳給每一代的女將（老闆娘）。

注意到了嗎？「いし橋」是明治五年創業，但明治五年一月二十四日，新聞媒體才報導了明治天皇肉食解禁的新聞，很顯然，「いし橋」是東京都內最先響應肉食解禁的第一批商家；「いし橋」最初開業時只是一間精肉店，直到明治十二年，才開始經營壽喜燒。

明治政府解除了肉食的禁令，但要讓老百姓接受吃牛肉，還得靠知識分子的推廣。日本啟蒙思想家福則諭吉為消除百姓千年來「食肉者穢」的迷信，奮筆疾書寫下《肉食之說》；各種「牛肉之於人，是開化的藥店，是文明的良藥。」的說法在大街小巷傳誦；明治中期，吃牛肉已廣為流行，現在東京隨處可見牛排館、燒肉店，但同樣都以牛肉為號召的餐館，只有壽喜燒會以「文明開化之味」來宣傳。

|1|2|3|4|

❶ 第一輪一定先吃肉，沾上蛋液實在太銷魂。
❷ 關東風壽喜燒習慣將肉與蔬菜一起煮。
❸ 充滿著鹹香、蛋香、飯香、鍋巴香的雞蛋飯。
❹ いし橋最後的「鐵鍋雞蛋飯」總是引起一片讚歎。

令人銷魂的霜降與ロース

「いし橋」這種古趣盎然的老鋪，不論人數多少，每一組客人都安排在獨立的榻榻米房間用餐；這裡的菜單很簡單，就是壽喜燒與涮涮鍋兩種，牛肉也分兩種，霜降與ロース，霜降稍微貴一點，為了品嚐兩種不同的肉質，我們各點了一份。

當我吃完精緻的前菜，看到兩盤牛肉上來時，坦白說，不論從肉的顏色、油花的分布，我實在無法分辨哪一盤是貴了二千日圓的霜降，同樣是美麗的粉紅色，油花也同樣細密，而且兩盤都是A5等級的牛肉，那……到底差別在哪裡？

台灣人習慣於美國對於牛肉部位的名稱，知道油花多的部位往往稱為沙朗或肋眼（Rib eye），日本餐廳卻喜歡以把油花分布細密均勻的部位稱為霜降，嚴格來說，霜降一語像是形容詞，ロース則接近於部位，如果按照美式的分法，從肩胛部的chuck、肋脊部的rib、腰脊部的loin，都是屬於ロース的範圍。

現在不論關東風還是關西風的壽喜燒，用牛脂抹油熱鍋之後，第一個下的一定是牛肉。我們先嚐霜降，當我沾著蛋液吃下第一片牛肉，好吃到幾乎把舌頭一起吞下去，那滋味真是太銷魂了！

坦白說，換吃ロース時，我根本覺得和第一片吃的霜降沒什麼差別，直到最後一輪，我同時吃霜降與ロース，一口一種，才感覺到這裡的霜降比ロース更柔嫩，但是真的只有差一點點，也就是這一丁點的差別，才出現二千日圓的價差。

壽喜燒不可或缺的配角──雞蛋

　　吃壽喜燒不能沒有生雞蛋。滾燙的肉片或蔬菜，沾上生蛋液，不但有降溫的作用，而且會讓肉片口感更滑順，更重要的是，不論是關東風偏鹹的醬汁，還是關西風猛撒砂糖的料理法，你以為會過鹹或過甜的調味，只要沾上生蛋液，都有辦法把它調和成最佳的味道；「いし橋」的醬汁偏鹹，但我一開始吃的時候根本不覺得，直到後來生蛋液快沾光了，這才發現醬汁有點鹹。

　　吃壽喜燒，也要講究韻律起伏。第一輪享受完最美味的牛肉後，第二輪要吃點蔬菜緩一緩，關西的吃法是一輪肉、一輪蔬菜，關東則習慣肉與蔬菜一起吃，最後再下烏龍麵或配白飯，但是「いし橋」與其他壽喜燒不一樣的地方，還在於它最後有一鍋「鐵鍋雞蛋飯」。

　　利用鍋中殘餘的牛油，把白飯鋪滿整個鍋子，加了醬汁、生雞蛋後蓋上鍋悶煮，當鍋蓋一掀開，香味撲鼻而來，這「雞蛋飯」充滿了飯香、蛋香、醬油香與鍋巴香，為這一餐留下完美的句點。

　　老闆娘在門口送客時，拿出火打石在我的身後敲了一下，火打石發出清脆的聲音，這是江戶時代送別遠行者的「切り火」儀式，有消除厄運、遠離災禍的意思，以現代的話來說，就是「祝你一路平安」。

　　帶著祝福，我走出「いし橋」，回頭望了一眼它饒富風情的門口，心想：「真是家有趣的店啊！」

いし橋

⌕ http://www.koji-shimomura.jp/index.html

✉ 東京都千代田區外神田3-6-8，地下鐵銀座線末廣町站3號出口步行2分鐘

☎ 03-3251-3580

⊙ 17:00～21:00，週六週日休、國定假日休

Ⓢ 霜降11,000日圓，ロース13,000日圓

不論客人多寡，每組客人都是一個獨立的房間。

なかはらの裝潢時髦有型。

08

炭火燒肉
なかはら

A5和牛手工切的
奢華享受

胖 狗 評 鑑

美 味 度 ★★★★★
環境舒適度 ★★★★★

當油脂遇上炭火，劈里啪啦地滋滋作響，剛剛才烤好的一片A5和牛，面上還烙著鐵網的痕跡，一口吃下，肉汁滿溢在嘴裡，還散發著微微的炭火香，這種既粗獷又細緻的感覺，正是和牛燒肉無與倫比的魅力。

東京的燒肉店百百間，記得二○一二年春天去東京，把行李往旅館一扔，我就坐著地鐵直奔三ノ輪的「七厘」，屁股還沒坐熱，我就急著說：

「幻のタン‧ひどつ‧ありがとう！」（請給我一份夢幻牛舌。）

與夢幻牛舌擦身而過

　　「什麼？夢幻牛舌賣光了！」當我搞清楚侍者的意思後，心情立刻盪到了谷底。也許我的表情真的太失望了，侍者趕緊從廚房叫來一個年輕人，嘿！這個年輕人竟然會說中文，我盡力地解釋我是多麼期待能夠吃到這裡的夢幻牛舌，他走過去和那位長得有點像史蒂芬‧席格的老闆嘟囔了幾句，然後告訴我：「雖然夢幻牛舌賣光了，但是有次一級的牛舌，你要嗎？」

　　抱著「無魚蝦也好」的心情，我點了「次一級」的牛舌，當我把它烤好送進嘴裡時，真是驚呆了！「如果次一級的牛舌都這麼好吃，那夢幻牛舌會是什麼滋味啊？」

　　二〇一四年秋天再到東京，「七厘」已經結束營業，改名「炭火燒肉 なかはら」，店址也搬到市ケ谷；也是在抵達東京的第一天，我就直奔「なかは

1	3	
2	4	5

❶ 「夢幻牛舌」可嚐到牛舌
　　的前、中、後三個部位。
❷ 在なかはら可以吃到最美
　　味的A5黑毛和牛。
❸ 切得這麼厚的牛舌，烤好
　　後又脆又多汁。
❹ 前菜「牛肉麵」，把牛肉
　　切成麵條沾醬汁吃。
❺ 抽油煙機裝得極低，可避
　　免衣服都是油煙味。

ら」，不過，這回我學乖了！從台灣訂位時已事先預約了夢幻牛舌。

　　以店主的姓氏「中原」為名的「なかはら」在店內的裝潢還真下了番功
夫，不但設計得時髦有型，最重要的是，排煙抽風管拉得極低，燒肉的油煙一
起，立刻被吸走，不用擔心吃完後身上全是油煙味。

全牛各部位美味的主廚推薦

　　由於中原社長進貨採取「一頭買」的方式，所以這裡的おまかせ其實是
「主廚推薦七種肉組合」，可以吃到七個部位的牛肉；說是每個部位只有一
片，但是每一片切得都不小，該吃柔嫩的部位就開蝴蝶刀，該吃嚼勁的部位就
切得很厚，有的用鹽燒，有的用醬烤，完全不用擔心看不懂日文該怎麼點菜。

　　與「七厘」時代不同的是，「なかはら」對於牛肉還出現了新吃法。おま
かせ的第一道，牛肉麵，以前在「七厘」就沒吃過。

　　別聽到「牛肉麵」就以為是台灣的川味紅燒牛肉麵，它其實是把生牛肉切

1	2
	3
4	5

❶ 橫膈膜雖屬內臟，但其實像肉，兼具柔嫩與嚼勁。

❷ 每上一道肉，侍者就拿著這張圖解釋是哪個部位。

❸ なかはら 標購一整頭的黑毛和牛，所以可以吃到各部位的牛肉。

❹ 手工切的和牛開蝴蝶刀，每一片都很大。

❺ 這盤是「招待肉」，一樣的品質，分量還不少。

成細絲沾著醬汁吃，本來還有點怕怕的，但是淺嚐一口，發現生牛肉與醬汁還真速配，好吃到讓我嫌它才那麼二口，有點不滿足呢！

睽違二年，終於吃到了「夢幻牛舌」。所謂的「夢幻牛舌」，其實是牛舌的前、中、後，三個部位；舌尖的部分油脂最少，所以吃起來最脆，底部油脂最多，又切得超級厚，又嫩又多汁，是我吃過最好吃的牛舌，果然夢幻！

緊接著「主廚推薦七種肉組合」正式登場，侍者拿出一張牛的各部位解說圖，每上一道就告訴我，這塊肉是屬於哪個部位；剛開始我還用心地做筆記，吃到後來根本無暇他顧，因為每一塊肉都讓你沉溺在那軟嫩的口感、化開的油脂中，連自己姓什麼，都忘了。

我最喜歡的部位是橫膈膜，因此特別情商在這七種肉中，要有一塊橫膈膜（ハラミ），老闆也大方地答應。橫膈膜吃起來像肉，但其實是內臟系，它是牛胸與牛腹之間的肉質膈膜，這個部位不但有油花，而且兼具柔嫩與嚼勁，味道相當濃郁，深受不少饕客喜愛。

「なかはら」的燒肉好吃，不光是因為它是A5和牛，還在於它每一片牛肉都是「手工切」。

燒肉串起台日情誼

那回在「七厘」碰到會說中文的年輕人，其實是二位來自新竹的台灣同鄉。他們告訴我，因為想在新竹開燒肉店，所以就從食べログ（日本最大的食評網站），找了排名在前三名的「七厘」，親自登門學藝，在此之前，他們與中原社長完全不認識，中原社長被他們的熱情感動，毫不藏私地教導他們手工處理牛肉的每一個環節。

手工切牛肉，除了可以根據牛肉的紋理下刀、剔筋之外，與機器切肉最大的差別，就是溫度。用機器切牛肉，肉要夠硬，所以牛肉必須冷凍，但是手工切，冷凍肉根本切不下去，得用冷藏肉，冷藏牛肉最多只能在冰箱放兩天，否則風味會變差，所以就鮮度來說，當然會比冷凍肉佳。

二位年輕人回台之後在新竹開了「一燒和牛」，現在已是新竹知名的燒肉店；有一回我特地跑到新竹去吃「一燒」，二位年輕人認出了我，還說：「下個

月中原社長要來台灣呢！」原來在開店過程中，中原社長數度來台協助他們調整風味與作法，從完全陌生到熟悉相助，我碰巧見證了台、日這段難能可貴的「燒肉情」。

話說回來，如果你擔心「おまかせ」只有七片肉會吃不飽，那麼最後的サービス絕對會讓你眉開眼笑。吃完七片肉，侍者最後會端出一盤「招待肉」，這盤「招待肉」品質一樣是A5和牛，差別只在於它是「邊角料」，沒辦法切得那麼大片，只好拿來「招待」客人了！

更重要的是，這盤「招待肉」分量還真不少！想想A5和牛這麼貴，就算是「邊角料」，價格也不便宜，不得不說這一招真是高明，讓每位客人都笑得合不攏嘴。

炭火燒肉 なかはら

- http://sumibiyakinikunakahara.com/
- 東京都千代田區六番町4-3，GEMS市ケ谷9F
- ☎ 03-6261-2987
- 17:00～23:00，週三休
- 夢幻牛舌一人份2,400日圓（要預約），おまかせ8,500～10,500日圓（因競標一頭牛的價格不一），おまかせ只有肉，白飯、沙拉等需另外單點

1
—
2

❶ 當時在「七厘」與中原社長（右一）合影，像不像史蒂芬‧席格？

❷ 在「七厘」碰到的台灣年輕人，現在已在新竹開了「一燒和牛」。

超低價
享用星級料理

米其林指南評選的餐廳，
基本上是以高級精緻的 fine dining 為主，
如果是中午時段，也有少數願意「佛心來著」的星級餐廳
願意降低門檻供應午間定食，
這些定食的價格甚至不到二千日圓，
這樣的午餐，比起高貴的三星餐廳，
是我更有興趣探訪的目標。

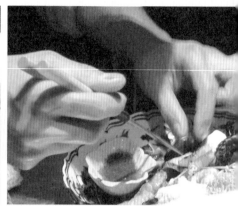

自從二〇〇八年米其林飲食指南出了東京版之後，每年到了十一月底揭曉隔年進榜名單的時刻，已變成東京飲食界的年度大事；有趣的是，台灣美食圈關切的熱度絲毫不亞於東京，因為像我一樣懷抱著以美食為目的，到東京旅遊的台灣人實在太多了！

　　米其林指南評選的餐廳，基本上是以高級精緻的 fine dining 為主，雖然偶有像鼎泰豐這樣的小吃進榜，但是這些小吃無論做得多麼美味，頂多也只會列為一星；考慮到旅客的荷包，東京米其林指南近年來增列了 Bib Gourmand 這個新欄目，羅列了三百多家雖然未達星級水準，但人均消費低於五千日圓、CP值很高的小餐廳；我隨意翻了翻名單，發現很多知名的拉麵店、炸豬排、居酒屋統統都進榜，但是 Bib Gourmand 中大部分的日本料理、義大利菜、法國菜，其實人均消費都超過五千日圓，只有中午時段的三道式套餐，才會出現低於五千日圓的價格。

　　如果是中午時段，不用局限於 Bib Gourman，其實也有少數願意「佛心來著」的星級餐廳願意降低門檻供應午間定食，這些定食的價格甚至不到二千日圓，這樣的午餐，比起高貴的三星餐廳，是我更有興趣探訪的目標。

　　這些星級午餐定食分量雖然不多，但是美味度絲毫不減，在東京旅遊，每天在正餐之外，總是忍不住吃一大堆甜點、路邊小食，所以價低、量少、精緻度高的午餐，反而是我必吃名單中的首選。

　　我發揮地毯式搜索的本領，從每一年公布的星級餐廳名單中，查找出午餐

價格在二千日圓以下的餐廳，吃過之後，挑出其中料理頗具特色者與大家分享，所以在這個篇章所分享的三家午餐中，「銀座一二岐」、「銀座うち山」都是米其林一星餐廳，另外一間「すし匠」雖未列入米其林飲食指南，卻不是因為它沒有拿星的資格，而是這家店毫不客氣地拒絕了米其林的評鑑。

　　只在晚上營業的「銀座しまだ」，則是一間有趣的立食吧。不知道是不是因為要站著吃的關係，讓它只能名列在五千日圓以下的 Bib Gourmand 名單中，但是料理長島田博司曾在多家星級餐廳歷練，資歷實在太顯赫，而且「銀座しまだ」食材用料高檔、處理手法細緻，完全是星級餐廳的料理水準，能以如此便宜的價格吃到這樣的料理，站著吃，又有什麼關係呢？

　　既然提到超低價格吃星級料理，就不能不提東京米其林指南中，「唯二」進榜的一星拉麵店；分別是「Japanese Soba Noodle 蔦」與「鳴龍創作麵工坊」，雖然我個人非常喜歡蔦拉麵，但因蔦拉麵已在二〇一七年五月進軍台灣，有興趣嘗試的人不用跑到日本，在台灣也可以嚐到一星拉麵的風味，因此在這個章節中，我僅與大家分享「鳴龍」，喜歡吃辣的朋友，可以試試看它的麻辣擔擔麵，與台灣的擔擔麵不同的是，日本的擔擔麵不是乾麵，是湯麵喔！

01

銀座一二岐

不用賣老婆就能吃到
的鰹魚たたき

胖狗評鑑

美　味　度　★★★★★
環境舒適度　★★★★☆
（包廂要併桌）

位於銀座的「一二岐」，從二〇一二年開始就被列入米其林一星餐廳，晚餐走的是一個人一、二萬日圓的套餐，但中午時段，「佛心來著」地少了一個零，季節烤魚定食（旬魚の燒き魚膳）、烤鰹魚御膳（かつおのわら燒き膳）都只要一千多日圓就能享用；在東京的咖啡館隨便吃個簡餐都是這樣的花費，米其林星級餐廳推出這樣的午餐，怎能不令人怦然心動？

　　所以訂好去東京的機票，我就請

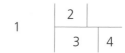

① 以稻草燒烤的鰹魚油脂豐富、味道濃鮮。
② 野菜燉煮物每一種都吸飽了高湯。
③ 廚師們正忙著準備今日的午餐。
④ 銀座的割烹餐廳都很喜歡以炸胡麻豆腐作
　　前菜。

免費的信用卡祕書替我預約「銀座一二岐」午間時段，過了幾天，信用卡祕書回覆說：「很抱歉，該店不招待外國觀光客！」我心想：「這怎麼可能呢？」不死心的我，乾脆從台灣自己打越洋電話去訂位，我的日文很破，但勉強可以應付這種訂餐廳、訂旅館的溝通，電話接通後，「銀座一二岐」根本沒多問我是不是觀光客，就接受了我的訂位。

超高CP值米其林午間定食

依照預訂的時間來到「銀座一二岐」，我們沒坐吧檯，被帶往包廂，正想著：「我們才兩個人，吃便宜的午間定食居然還有包廂可坐？」甫一坐定，侍者又帶了二位中年日本女士進入了包廂，哈！果然，「銀座一二岐」超CP值的午餐讓餐廳座無虛席，中午沒有晚餐正式講究，為了容納更多的客人，午間的

包廂採取併桌的方式，雖然與不相識的人一起坐在包廂吃飯有點怪，好在來此的客人都很有禮貌，氣氛縱然有些拘謹，卻不會不舒服。

我們點了一份季節烤魚定食、一份烤鰹魚御膳，一開始上的是炸胡麻豆腐與根菜類的小缽，日本這些懷石割烹都喜歡以胡麻豆腐作前菜，兼取豆腐的風雅與胡麻的濃郁，加上外酥內嫩的炸功，成為一道考技術的料理。

由於一進門，我事先問了侍者是否可以拍照，徵得同意後，本來只打算在包廂內拍自己面前的菜肴，沒想到，就在師傅準備烤鰹魚的時候，年輕的小師傅竟然跑來包廂通知我，「你現在可以去外面吧檯拍照！」

啊！原來「銀座一二岐」的烤鰹魚御膳，是採取土佐傳統鄉土料理「鰹のたたき」的作法；舊名土佐的高知縣，是日本著名的鰹魚產地，初春的鰹魚做鰹節比較適合，做成生魚片則還不夠肥美，等到鰹魚游到神奈川縣的相模灣時，已臻初夏時分，此時油脂開始豐潤，剛上市的鰹魚叫「初鰹」，根據古籍記載，初鰹價格是二錢一分，相當於現在二十七萬日圓，吃初鰹有如在吃黃金，但是江戶仔「寧可賣老婆，也要吃初鰹」，說的就是江戶人貪新鮮的性格，此後鰹魚價格直直落，到了秋天，鰹魚盛產，不但油脂豐富，價格還從天花板降到地板，反而是享用鰹魚最佳的季節。

秉持古法「燒稻草烤鰹魚」

「鰹のたたき」是一種外皮烤過的鰹魚生魚片，據說這道料理起源於戰國時代的土佐藩主山內一豐。山內一豐認為，鰹魚易腐敗，生吃容易食物中毒，所以他推廣將鰹魚表皮烤熟再吃；一般烤魚是用炭火烤，土佐的「鰹のたたき」卻是用稻草烤，因為稻草遇火會出現大量的濃煙，煙熏具有去除魚腥的作用，現在只有講究的店家仍然堅持用最傳統的作法——燒稻草來做「鰹のたたき」。

小師傅會叫我出去拍照，當然是因為「銀座一二岐」是用稻草來烤鰹魚。只見師傅站在吧檯後方，把一塊塊已去骨的鰹魚肉以鐵籤插好，就在爐前點燃稻草，稻草燒起的熊熊烈火非常驚人，鰹魚在火舌下烤得滋滋作響，不久之後，師傅又再換到另一個烤爐，這個爐子的火比較小，一時之間，吧檯後方濃

1
—————
2 | 3

❶ 季節烤魚有事先用鹽麴醃漬。
❷ 師傅用稻草烤鰹魚，猛烈的火舌很驚人。
❸ 大吟釀冰淇淋酒香濃，口感綿密。

煙四起，如果不是知道師傅正在燒稻草烤鰹魚，還以為餐廳失火了呢！

在燒烤的過程中，小師傅頻頻檢查鰹魚的生熟度，直到主廚確認熟度沒問題之後，才小心地一片片切開盛裝到盤子上；比較起一般的生魚片，「鰹のたたき」切得比較厚，外熟內生的鰹魚片，濃鮮的油脂伴隨煙熏的香氣，在口中交融的滋味實在太美妙了！而且這一份烤鰹魚御膳，僅僅一千五百元日圓，不用賣老婆就能吃到！

以鹽麴醃漬過後的烤魚油脂豐富，也非常下飯，但比較起來，我喜歡烤鰹魚御膳更勝過季節烤魚；另外附的野菜燉煮物，雖然只是南瓜、茄子、山芋等根莖類蔬菜，煮得非常柔軟卻不會太爛，而且每一種都吸飽了高湯，足見火候的掌握。

「銀座一二岐」的午餐雖然價格便宜，但不論是炸胡麻豆腐、野菜燉煮、烤魚，每一道都非常好吃，就連甜點也不馬虎，當飄著濃郁酒香的大吟釀冰淇淋，在我口中化開時，我偷偷望了一眼與我併桌而坐的那二位中年女士，她們的臉上，和我一樣，也洋溢著滿足的笑容。

銀座一二岐自2012年開始，年年得到米其林一星。

銀座一二岐

- ⌂ http://www.ginza-ibuki.com/
- ✉ 東京都中央區銀座2-14-6，第二松岡ビルB1，地下鐵東銀座站3號出口步行5分鐘，新富町站1號出口步行3分鐘
- ☎ 03-6261-2987
- ⏱ 11:30～14:10，18:00～23:00，週日休
- ⑤ 午間時段季節烤魚定食1,300日圓，烤鰹魚御膳1,500日圓，季節烤魚＋烤鰹魚2,600日圓

緣高弁當的菜色很豐富。

02

銀座うち山

只要有鯛魚，
茶泡飯也高級起來了

在小津安二郎的《茶泡飯之味》中，電影最後幾幕，描述出身背景迥異的夫妻在盡釋前嫌後，妻子為丈夫做了頓茶泡飯，不愛吃茶泡飯的妻子，吃了一口說：「我現在才體會到那種親切的、樸素的、不受拘束的愉快。」

丈夫說：「這就是茶泡飯的滋味啊，夫婦就應該像茶泡飯一樣。」

藉由一個日常生活中再平凡不過

　的食物，小津安二郎描述了夫妻間的矛盾與相容；茶泡飯不止像夫妻間的相處之道，品小津安二郎的電影，其實也像吃茶泡飯一樣，不是那麼尖銳，卻深刻雋永。

　　日本人似乎特別欣賞這種美學，感情要涓滴長流，料理要在平凡中顯不凡；近幾年來，就連許多高級的餐廳，在吃完一道道華麗的料理，最後的食事也喜歡端出茶泡飯，彷彿以茶泡飯收尾，象徵了一種回到家中的安心感。

平凡卻深刻雋永的茶泡飯

　　東京有好幾家高級的割烹料理，例如名廚黑木純的「くろぎ」、銀座的「あさみ」、「うち山」，與得到「うち山」暖簾分家的「德うち山」，晚間一個人的價格都要上萬日圓，為了讓客人能以較低的門檻進入這個精緻的料理世界，這幾家餐廳在中午時段都推出了茶泡飯定食，有趣的是，茶泡飯的種類百百種，他們卻不約而同都選擇了鯛魚茶泡飯（鯛茶漬け）。

　　一般認為，茶泡飯應該是從「水飯」或「湯飯」演變而來，這種「水泡飯」或「湯泡飯」自古就有，例如平安時代腦滿腸肥的三条中納言向醫生要減肥良方，醫生建議他吃開水泡飯，這位大人開心地照方抓藥，只不過他配飯的佐料是十條乾瓜與三十個香魚壽司，減肥效果當然可想而知。

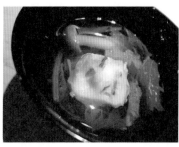

　　古代茶葉很貴，所以加入煎茶或番茶成為茶泡飯，應該是江戶時代茶葉普及後才出現的型態，由於茶湯含有麩胺酸鈉，加上茶香，泡飯來吃當然比開水泡飯更美味，加點海苔、納豆、漬物，就成了忙錄的商家可以快速就食的餐點；到了現代，茶泡飯的口味更形多元，《深夜食堂》裡的茶泡飯三姐妹，喜歡吃的分別是鮭魚、梅乾、明太子，每個人都可依自己的口味，做出自己喜歡的茶泡飯。

　　為什麼這些割烹名店做的都是鯛魚茶泡飯，而不是其他口味的茶泡飯呢？

多了鯛魚，高級感加倍

　　鯛魚在日本素有「魚類之王」之稱，因其外型多呈紅色、形狀飽滿，是喜慶時不可缺少的魚種；日本關於鯛魚的好話也很多，「即使腐敗也是鯛」、「人乃武士，柱乃檜木，魚乃鯛」，在在顯示出鯛魚的地位遠非其他魚類可比，所以當茶泡飯遇上了鯛魚，平民粗食立刻搖身一變，成為具有高級感的料理。

　　我挑選的是「銀座うち山」，因為它不但有米其林一星的「加持」，午間時段除了鯛魚茶泡飯之外，還有另一個選擇——緣高弁當，緣高弁當的價格也很驚喜，二千五百日圓；我和老公二個人貪心地兩種都想吃，本來就是嘛！在這種星級餐廳有這麼好康的價格，當然兩種都要來吃吃看啊！

　　緣高，究其字面的意思，是指邊緣高起的一種食器，通常呈方形，拿來作為盛裝和菓子或作為便當盒，都非常適合；我當然不是看上這種食器才想點緣高弁當，而是這種弁當有點像京都的料亭弁當，菜色非常豐富。既然是弁當，菜色的考量便以冷掉也好吃的燉煮類菜肴為主，但是在店裡吃弁當，最大的好處就是碰到幾件炸、烤的菜色，有機會可以嚐到熱食。

　　鯛魚茶泡飯定食中，包括胡麻豆腐、魚肉南蠻漬、野菇青菜，分量雖然不多，但都很好吃。重頭戲鯛魚茶泡飯上來時，吃了一口，果然，沒讓我失望。

平價緣高弁當照樣豐盛精采

　　只是一小碗浸在胡麻醬汁裡的鯛魚生魚片，但緊實的口感讓人一吃就知道，這鯛魚非常新鮮，我一直不喜歡味道過於寡淡的鯛魚，但是沾上略帶酸味的芝麻醬汁後，濃郁的香氣彌補了鯛魚的清淡，卻保留了鯛魚原有的Q彈，就是這樣的調味，讓我喜歡鯛魚茶泡飯，遠勝過鯛魚生魚片。

　　更何況，精采的還在後頭；把沾了芝麻醬的鯛魚生魚片，放在白飯上，淋上滾熱的高湯，鯛魚被燙得半生熟，實在太好吃了！雖然名之為茶泡飯，但是這類割烹餐廳都喜歡用昆布柴魚高湯取代茶湯，讓茶泡飯更鮮甜，湯頭融合了胡麻醬汁，我稀里呼嚕就吃完了一碗，雖然白飯還可以再追加，可恨的是，胡麻鯛魚片分量太少，只能「節省」地慢慢吃，說實話，還真有點不過癮。

　　但是緣高弁當的菜色，就豐富地令人開心極了！除了胡麻豆腐、醋醃生魚片二道前菜之外，弁當內有水雲醋、烤銀杏、高湯玉子燒、烤金目鯛、黑豆、小鯛押壽司、紫芋天婦羅、煮車蝦、秋刀魚、滷香菇、蓮藕、煮南瓜、生麩、甜麻糬，小缽裡的是鰹魚甘露煮，加上山椒小魚飯，各有各的滋味，看得我眼花撩亂，吃得也手忙腳亂，心裡想吃這種，口裡又塞了另一種。

　　緣高弁當還附お椀清湯，裡頭是用魚肉、蝦、花枝做的真丈（丸子），高湯中還加了柚子皮，清香高雅。甜點是南瓜豆乳布丁，大豆味十足。

　　「銀座うち山」的鯛魚茶泡飯好吃、緣高弁當菜色豐富，雖然坐落在銀座這種昂貴的地段，但是以這種價格吃到如此精緻的午餐，難怪中午時段高朋滿座，提醒您，如果想來吃這種星級餐廳的超值午餐，可別忘了提前預約。

```
 1
  ┌─────
  │  2
 ─┤
  3
```

❶ 鯛魚茶泡飯定食只要1,500
　日圓就能享用。

❷ 鯛魚是「魚之王樣」,自古
　以來就是喜慶時不可少的
　食材。

❸ 「銀座うち山」是米其林
　一星餐廳。

銀座うち山

- http://www.ginza-uchiyama.co.jp/
  index.html
- 東京都中央區銀座2-12-3,ライト
  ビルB1,淺草線東銀站A7出口徒
  步3分鐘
- ☎ 03-3541-6720
- ⏱ 11:30～15:00,18:00～23:00,
  每個月最後一個週日休
- ⑤ 鯛魚茶泡飯僅11:30～12:20提供,
  1,500日圓;緣高弁當2,500日圓

03

すし匠

拒絕米其林的
散壽司午餐

胖狗評鑑

美　味　度　★★★★★
環境舒適度　★★★★

位於四ッ谷的「すし匠」開業於一九九三年，雖然歷史並不長，但是在東京的壽司界卻占有一席之地。

原因之一，是因為主廚中澤圭二打破了供應料理的壽司屋，「酒肴先行、壽司後上」的慣例，採取酒肴、壽司交互出現的出菜順序。

原因之二，是主廚中澤圭二認為每種食材都有它自己的特性，所以他分別製作米醋、紅醋、混合兩種醋的三種醋飯來搭配不同的魚種。

```
    1  ┌───┬───
       │ 2 │ 3
```
❶ 位於四ッ谷站的「すし匠」，有一種隱密低調的氣質。
❷ すし匠的散壽司午餐一週只有三天供應。
❸ 小小一碗散壽司，竟用了超過25種食材。

　　原因之三，是主廚中澤圭二的壽司雖然奠基於傳統，卻常讓人眼睛一亮，例如他會以魚肝搭配奈良漬來做握壽司，更擅用魚類熟成的技術，讓客人一次品嚐熟成五天與熟成十天的鮪魚，是怎樣不同的風味，開創特色壽司的風潮。

　　原因之四，是主廚中澤圭二還是個拒絕米其林的男人。

　　拒絕米其林？沒搞錯吧！

法國人不懂日本料理？

　　事實上，米其林於二〇〇七年底第一次出版東京指南時，曾在日本美食圈引起不小的爭議，許多日本人豎起大拇指的江戶前料理未見其中，獲得二、三星肯定的，多是本來就與法國美食界關係良好的主廚，米其林祕密客來到人生地不熟的東京，面對數以萬計的餐廳，不知該如何下手，難免私下透過某些相

熟的食評家指路，因此當第一本東京指南出爐後，日本美食圈毫不客氣地發出：「法國人不懂日本料理」的批評聲浪。

當時，幾位拒絕列入米其林評鑑的主廚立刻引起矚目，中澤圭二就是其中之一。據說米其林祕密客吃過「すし匠」之後，決定將它列為二星，也告知了中澤圭二這項決定，之後這位祕密客不時光顧，到了第四次時，中澤圭二忍不住對這位祕密客說：「我發現你其實不懂壽司，怎可評價我。」索性拒絕米其林的評鑑，因此這間在東京評價甚高的壽司屋，至今未曾出現在米其林指南中。

「すし匠」只有十五個位子，晚餐人均約二萬五千日圓，中午卻推出散壽司，而且只賣二千日圓，超值散壽司只在每週一、三、五的中午供應，而且一天只有三十份，換句話說，中午做兩輪生意，每個月的一號開始可以預訂下一個月的位子，朋友算準了時間，在一號打電話過去，幸運地訂到了位子。

預約當天來到「すし匠」。往內縮的門口，顯示出日本那種「隠れ家」（隱密低調）的氣質，木招牌顯得古意盎然，一進店裡，淡綠色的牆壁與檜木做的吧檯，讓人感到沉穩中帶著輕鬆的氣氛，才中午十一點半，我們沒有遲到，卻已是第一輪最晚到的客人，「すし匠」以十一點半到十二點半為第一輪，十二點半到一點半為第二輪，所以沒有一個客人遲到。

我偷偷地打量站在吧檯後的師傅，看到中澤圭二站在離我較遠處，他並沒有因為處理的是所有東西都放在一起的散壽司，而顯得有絲毫輕忽。

| 1 | 2 | 3 |

❶ 中澤圭二（左）已於2016年退休，「すし匠」交由徒弟打理。
❷ 漬物頗有創意，左前方是小哈密瓜撒上柴魚片。
❸ 洗手間內的水槽實在太美了。

一口吃進二、三十種食材滋味

等到散壽司端上來，小小一碗，啊！裡面擺放了好多高級的食材！滷鮑魚、鮪魚、蝦仁、穴子、鯖魚、平目、鮭魚卵、蝦卵、蛋皮絲、黃瓜、海苔……二、三十種的食材錯落有致地擺放其中，看似隨意，其實每種食材都經過細心地處理。

這散壽司真是好吃！因為每一口，都是不同的味道，鮑魚滷得入味，蝦仁甜、穴子軟，間或雜著幾口蝦鬆、黃瓜與蛋皮，單吃每樣食材都好吃，同時把幾樣東西混在一起吃也不覺得衝突，如果不是礙於所有人都吃得「很優雅」，我真想問：「可不可以再來一碗？」

我也喜歡「すし匠」的漬物，除了常見的大根、薑片，牛蒡之外，還有一塊淡綠色的瓜類，我猜不出那是什麼東西，一問之下才知道，那是小哈密瓜！有趣的是，小哈密瓜上還撒了些許柴魚片，顯示「すし匠」對於這種清口小物，也有自己的創意。

中澤圭二已於二〇一六年退休，把「すし匠」交給徒弟經營，所幸中午的超值散壽司並沒有改變。

すし匠

✉ 東京都新宿區四ッ谷1-11，地下鐵南北線四ッ谷站2號出口步行3分鐘

☎ 03-3351-6387

🕐 中午僅每週一、三、五11:30～13:30營業，18:00～22:30，週日休

💲 散壽司午餐2,000日圓，晚餐25,000日圓，每月一號可預約下一個月的位子

04

銀座しまだ

站著吃的星級料理

胖狗評鑑

美味度 ★★★★
環境舒適度 ★★

「立食」，站著吃東西，在日本不是什麼新鮮事；日本各地的車站也都可以看到立食的蕎麥麵、烏龍麵。

講究快速吃粗飽的立食攤，似乎與美味扯不上邊，但是近幾年，東京餐廳又吹起一股「立食」風，造就這股旋風者，當屬「俺の株氏會社」。

本來經營二手書店的坂本孝，對於飲食充滿熱情，他認為米其林星級餐廳的高單價往往讓消費者不敢輕易

❶ 「銀座しまだ」在僻靜的巷內，招牌小得幾乎看不到。

❷ 鱉肉土瓶蒸清爽滋補，可惜生麩放得有點多。

❸ 白子被視為冬季珍饈，烤鱈魚白子是常見的料理手法。

上門，因此他找來米其林星級餐廳的廚師為其構思菜色，將售價壓在星級餐廳三分之一，當然，賠錢的生意沒人會做，為了彌補低售價造成的虧損，他只有在提高餐桌的周轉率下手，因而想出以立食方式吃星級料理的策略。

米其林立食闖出新戰場

　　二〇一一年，他初試啼聲，在新橋開設第一間立食吧「俺のイタリアン」，讓客人站著吃高級義大利菜，這一顛覆傳統的作法在市場上引起極大的轟動，一客撒著黑松露的鵝肝菲力牛排只賣二千多日圓，果然，精打細算的日本人接受度很高，在義大利菜之外，又出現了吃法國菜的「俺のフレンチ」、吃燒肉的「俺の燒肉」、吃燒鳥的「俺のやきとり」、吃日本料理的「俺の割

烹」……，如今俺の系列的餐廳已經超過三十家。

　　「銀座しまだ」是俺の株式會社旗下唯一一間沒有冠上「俺の」名稱的餐廳，反而以其和食行政總廚島田博司的姓氏為名，因此相較於也是日式料理的「俺の割烹」，「銀座しまだ」的菜色，更有島田博司個人的色彩。

　　當然，島田博司的來頭不小，他不但曾在京都老鋪料亭「和久傳」工作十年，隨後加入五星級酒店擔任日式料理主廚，後來又進入米其林三星餐廳「麻布幸村」。在島田博司長年浸淫的高級懷石與割烹料理的世界裡，由於消費門檻高，客人的年齡層也偏高，要這些客人站著吃根本是不可能的事，但是坂本孝的構想乍聽之下覺得突兀，細想便覺得既大膽又充滿魅力，他決定以酒三成、料理七成的比例，以客單價五千日圓來設計菜單，當然這個金額比起一般立食吧是高了點，但如果能吃到螃蟹、海膽這種高級食材呢？客人應該會滿意吧！

　　二〇一二年，在靠近新橋車站附近，「銀座しまだ」開業，在東京掀起陣陣話題，我在二〇一四年赴東京時也去嚐鮮，本來還很擔心「銀座しまだ」也會像前面幾家開在熱鬧大街上的「俺の系列」餐廳那樣，要排隊排很久，沒想到，轉進僻靜的巷內，尋訪到「銀座しまだ」時，店門口只站了一組客人！不

1 | 2 | 3

❶ 海膽伊勢龍蝦凍，是「銀座し
まだ」的招牌前菜。
❷ 滷過的鮑魚軟Q入味。
❸ 要點菜？師傅就拿起黑板給你
點。

到半小時，我就「獲准」進入店內。

　　環顧店內，氣氛很熱絡，所有客人圍著吧檯，空間確實不大，我注意到店
裡有一張可供四人坐的座席，那也是唯一可以預約的座位，但是至少得三人才
能預約，我們只有二人，當然與座席無緣。

　　「銀座しまだ」把每天的料理都寫在黑板上，不到七點，黑板上已經有幾
道菜被畫掉了！約有三分之二的菜色超過一千日圓，都是鮑魚、龍蝦、海膽、
和牛……這種高級的食材，能以這種價格吃到，我當然毫不客氣盡量點。

　　海膽伊勢龍蝦凍，是一道頗有法式料理色彩的開胃菜，這道料理酸香開
胃，上面還撒了許多魚卵，非常討喜，難怪會成為「銀座しまだ」的招牌菜。

　　吃完了一輪，我覺得有些意猶未盡，請師傅再把黑板舉起來再點第二輪，
看到黑板上有兩種白子，冒著膽固醇破表的危險，我兩種都點來嚐嚐，正好可
以比較其中的不同。

　　白子，是魚類的精囊，有些人會覺得它軟糊糊地不敢吃，但它可是日本饕
客冬季最愛的珍饈，最常見的是鱈魚白子，據說一尾鱈魚可以取到五百公克至
一公斤的白子，所以市場價格不算高，「銀座しまだ」用燒烤的方式來處理鱈
魚白子，是一種常見的料理方法，外表烤得微焦，擠一點酸橘汁，中和了白子

特有的乳狀黏稠感，難怪會受到許多人的喜愛。

　　另一種是難得一見的天然虎河豚白子，因為量少珍貴，「銀座しまだ」特地以挖空的柚子為食器，沾粉微炸後再淋上濃稠的醬汁，坦白說，天然河豚白子比鱈魚白子味道更濃郁，但我卻不欣賞這種料理手法，濃稠的白子加上濃稠的淋醬，雙重的濃稠吃起來反而覺得有點膩口。

　　整體而言，「銀座しまだ」的料理，不論食材、味道都不錯，也頗具特色，也有像馬鈴薯沙拉、關東煮這類家常菜，如果不是站得腿痠，真想把黑板上所有的菜，全部點來吃呢！

天然虎河豚的白子難得一見，食器也用挖空的柚子特 別禮遇。

銀座しまだ
✉　東京都中央區銀座8-2-8，高坂ビ
　　ル1階
☎　03-3572-8972
🕐　17:00～23:30，週日、假日休
Ⓢ　三人以上可預約座席，
　　17:00、19:00、21:00，
　　一個月前接受預約

還沒開始營業，鳴龍已經大排長龍。

05

鳴龍

排隊也值得的
一星擔擔麵

胖狗評鑑

美　味　度　★★★★
環境舒適度　★★★★

繼蔦拉麵之後，東京第二間得到米其林一星的拉麵店，是位於JR山手線大塚站的「鳴龍」，知道「鳴龍」必定會大排長龍，我刻意避開午餐時段，選擇晚餐時段前來，「鳴龍」晚上六點開始營業，我傍晚五點到達店門口，距離開店還有一個小時，我和老公分別排到第十位、第十一位。

「鳴龍」一輪十個人，難道我和

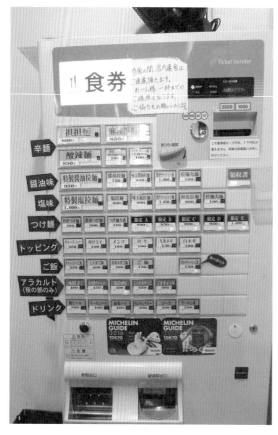

老公兩個人要一前一後分開吃？剛好排在我們後面的只有一個人，便「禮讓」
他先進去，因此多等了三十分鐘，等於排了一個半小時。

　　「鳴龍」雖然是一家拉麵店，但招牌卻是麻辣擔擔麵，進門之後需先到販
賣機購買食券，各種麵點分類得很清楚，如果不吃辣，也有不辣的擔擔麵與其
他拉麵可以選擇，我們點了一碗麻辣擔擔麵、一碗特製醬油拉麵，另外還點了
水餃、黃瓜、炙り燒チャーシュー（炙燒叉燒），這些都是只有晚上才供應的
小菜。

　　麻辣擔擔麵隆重登場！與台灣擔擔麵不同的是，日本的擔擔麵是湯麵，而
不是乾麵。中心一球紅色的辣椒粉，看起來很驚人，我先喝一口湯頭，發現味
道很深層，聽說是用牛骨、雞骨與牡蠣熬出來的湯頭，所以非常鮮美，再把辣
椒粉拌入湯中，湯頭變得充滿花椒與辣椒的香氣，雖然有麻有辣，口味卻意外

① 點餐是直接在販賣機買食券,各種麵分類得很清楚。
② 日本拉麵店往往賣煎餃,鳴龍賣的是水餃。
③ 炙燒叉燒厚得像牛排。
④ 麻辣擔擔麵是鳴龍的招牌。
⑤ 特製醬油拉麵完成度很高。

地溫和,與傳統四川菜那種直衝腦門的嗆辣完全不一樣,或許是略帶微甜的湯頭,馴化了麻辣的衝、嗆,讓整體的滋味變得非常溫和。

這是日本人喜歡的那種柔和的川菜!記得多年前,我曾經吃過影響日本四川菜至鉅的名廚陳建一所做的麻婆豆腐,當時很訝異,陳建一怎麼能把麻婆豆腐燒得既保留了麻辣,味道卻那麼溫和!正因為陳建一這種溫柔的麻辣,讓不吃辣的日本人開始接受川菜,「鳴龍」的麻辣擔擔麵,走的也是這種溫和的路線,所以雖然是重口味的湯頭,卻可以讓人把湯喝光光。

精緻小菜就足以撐起一片天

鳴龍的麻辣擔擔麵實在太出色了!所以相對而言,醬油拉麵就顯得沒有那

麼突出，坦白說，這裡的醬油拉麵的完成度也很高，與任何一家拉麵店相比，這碗醬油拉麵也絕對不會輸人，但是讓我比較欣賞的，是這裡的小菜。

一家拉麵店的小菜，居然可以做得像割烹餐廳一樣精緻，害得我幾乎每樣小菜都想點來嚐一嚐；一般拉麵店都是賣煎餃，但「鳴龍」賣的是水餃，吃慣了台灣的水餃，會覺得日本往往把內餡的蔬菜切太細，吃起來比較沒有口感，除此之外，餃皮、肉餡都很好，但是讓我豎起大拇指的，是「炙り燒チャーシュー」，也就是炙燒叉燒。

醬油拉麵裡本來就有叉燒，只是切得比較薄，換成單點菜品後，叉燒切得像牛排那麼厚，還在表面炙燒一下增加香氣，又加了蘿蔔泥醬汁解了厚肉排的油膩，堪稱是水準之作，其實「鳴龍」就算不賣拉麵，只賣這道叉燒，也會紅。

我們吃完離開時大約七點鐘，「鳴龍」的隊伍已經排了五、六十個人，所以奉勸想來吃「鳴龍」的人，最好尚未開店前就先來排隊，如果等到營業時間開始再過來，沒有排上二、三個小時，恐怕是吃不到的。

鳴龍是第二家拿到米其林一星的拉麵店。

鳴龍

🖰 http://www.12.plala.or.jp/nakiryu/
✉ 東京都豐島區南大塚2-34-4，JR
　山手線大塚站南口徒步6分鐘
🕐 11:30～15:00，18:00～21:00，
　週一晚上休、週二休
Ⓢ 麻辣擔擔麵900日圓，特製醬油
　拉麵950日圓，水餃400日圓，炙
　燒叉燒450日圓

3

古宅庭園風格的
究極美食

從江戶時代起，
東京作為日本的政治經濟中心，
自然留存不少大名宅邸、富豪庭園，
為了讓公眾在參觀之餘可以歇歇腳，
這些地方也常常設有咖啡館、茶房或餐廳。

很多時候，旅行中的美食，目的並不僅僅是為了「吃」。

餐廳本身的建築是否具有特色？所處的位置是否有美景可賞？如果能夠擁有這樣的條件，也會成為我造訪的理由，可喜的是，東京這樣的餐廳並不少。

從江戶時代起，東京作為日本的政治經濟中心，自然留存不少大名宅邸、富豪庭園，其中有不少都已開放為市民公園，或是可以參觀的歷史古蹟，為了讓公眾在參觀之餘可以歇歇腳，這些地方也常常設有咖啡館、茶房或餐廳。

但如果這些歷史建物中所經營的餐廳，食物不夠好吃、咖啡不夠好喝，也不足以成為我推薦的理由，畢竟東京這樣的地方實在太多了！因此在這個章節中，我之所以會把「明治紀念館」的咖啡館kinkei列於其中，除了建築本身的歷史氣息之外，最重要的是，Kinkei的東西還滿好吃的。

選擇「UKAI鳥山」也是出於相同的考量。位於高尾山腳下的「UKAI鳥山」，占地六千坪的庭園真是美不勝收！而且它的雞肉炭火燒確實很美味，即便沒有要去爬高尾山，專程為了「UKAI鳥山」花一小時坐電車去，也絕對很值得。

　　相對於京都隨處可見的百年古宅咖啡、茶房，曾經受到二戰空襲的東京，坦白說，留存的古宅並不多，所幸近年來在有心人士刻意地復原下，東京還是出現了幾家古宅改建的咖啡館。只不過，走訪了幾家之後，心裡總覺得東京的古宅咖啡和京都的古宅咖啡有點沒得比，「古桑庵」則是少數在氣氛上，堪與京都古厝情緒媲美的茶室，有趣的是，它居然位於自由之丘，這個極為洋風的地方。

　　倒是百年倉庫改建的烏龍麵餐廳「釜竹」，令人眼睛一亮。「釜竹」雖然規模並不大，改建工程卻是出自於建築大師隈研吾的建築事務所，不但保留了百年石藏的厚重，還以玻璃、庭園為它增添綠意；更教人開心的是，「釜竹」的烏龍麵在東京饕客心目中絕對名列前茅，酒肴也很精緻豐富，當然，價格更是非常庶民。

　　除了古宅、庭園，春天的櫻花、秋天的銀杏，也是吸引國人到東京旅遊的重要因素，因此在本篇中，我分別挑了一家可以賞櫻、一家可以賞銀杏的餐廳；當然，不管是櫻花還是銀杏，還是那個標準，東西要好吃才行。

01

明治紀念館

大殿廊緣下的
滿眼綠地

胖狗評鑑

美　味　度　★★★★
環境舒適度　★★★★★

「明治紀念館」建成於明治十四年（1881年）本來是赤坂假御所（暫時宮殿）的別殿，明治二十一年（1888年）日本起草帝國憲法、皇室典範等草案，明治天皇曾多次在此召開御前會議，所以後來「明治紀念館」的本館，又被稱為「憲法紀念館」。

瀰漫皇家氣息的婚宴勝地

事實上，這棟宮廷別殿曾經移築

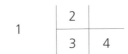

① 在東京都內能享有一片庭園綠地，必定
非富即貴。
② 一進入明治紀念館，視線立刻被巨型吊
燈所吸引。
③ 炸豬排三明治，實實在在的好味道。
④ 法國吐司外酥內軟，頗具水準。

過兩次。第一次是在明治四十一年（1908年），明治天皇為表彰制定憲法有功
的伊藤博文，下令把這棟建築物賜給伊藤博文，這棟建築物便移築至伊藤博文
公邸，命名為「恩賜館」；後來明治天皇過世，日本各界捐款、捐樹建造明治
神宮與神宮外苑，伊藤家又把這棟建築物捐獻出來，不過，當時原來的地點已
經建了東宮御所，所以大正七年（1918年）這棟建築物移築時，只能與東宮御
所比鄰而居，搬到了現在的地點。

　　昭和二十二年（1947年），「明治紀念館」以婚宴場地的形式走入民間，能
在這樣一個具有皇家氣息的歷史建物中舉辦結婚儀式，立刻讓許多東京市民趨
之若鶩，直到現在，「明治紀念館」仍然是許多新人舉辦婚宴時的首選。

　　除了舉辦隆重的婚宴，「明治紀念館」亦有中、西、日式共四間餐廳，其
中作為咖啡廳的kinkei，是「明治紀念館」內最具代表性的「金雞之間」，當時
的憲法草案，就是在這個大房間討論出來的。

日本憲法起草會議多次在
「金雞之間」召開,現已
改為咖啡廳。

精緻餐點與雅致庭園相得益彰

「金雞之間」牆面繪滿了躍舞的金雞,天花板則是做工纖細的藻井,而且正好面對戶外的庭園綠地,作為可以輕鬆聊天的咖啡廳,kinkei不論服務還是餐點,都在水準之上;點一塊蛋糕,侍者將當天所有的蛋糕放在托盤上拿過來讓你挑,我喜歡這種傳統的服務方式,除了讓客人倍感尊貴,還讓人眼花撩亂。

另外還點了法國吐司與炸豬排三明治,說實話,這裡的餐點,不論甜、鹹,都做得都非常好吃,水果蛋糕卷鬆軟濕潤、法國吐司外酥內軟、炸豬排三明治的麵衣酥脆、肉嫩卻具咬勁,不新奇、不花稍,卻是實實在在的好味道,絕對配得上這優雅的環境。

明治紀念館 kinkei

- http://www.meijikinenkan.gr.jp/
- 東京都港區元赤坂2-2-23,JR信濃町車站步行3分鐘
- 平日10:00〜21:30,
  週末假日9:00〜21:30,
  kinkei 偶有婚宴包場暫停對外營業

「UKAI 鳥山」小橋流水，四季皆美。

02

UKAI鳥山

高尾山下的
合掌造餐廳

胖狗評鑑

美　味　度 ★★★★
環境舒適度 ★★★★★

聽說東京近郊的高尾山是個賞楓聖地，二〇一四年赴東京時正值紅葉季，我便計畫來個高尾山一日遊，正愁著在高尾山的午餐該到哪裡解決？猛然一看到「UKAI鳥山」（うかい鳥山）的照片，天啊！高尾山腳下竟然有一間如此古樸雅致的庭園餐廳，說什麼也得去嚐嚐。

那一次的高尾山行，賞楓倒成了其次，去「UKAI鳥山」吃飯，反而

成了重點。

UKAI集團旗下餐廳各有風情

「UKAI鳥山」的位置看似偏僻，其實交通非常方便，在新宿坐京王線到「高尾山口」，雖然要將近一小時的車程，但是出了高尾山口，UKAI集團便會派免費的接駁車在車站前接客人，UKAI集團在高尾山有兩間餐廳，除了「UKAI鳥山」之外，另外一間是吃懷石料理的「UKAI竹亭」，每隔二十分鐘就有一班接駁車接送客人前往兩間餐廳，簡直比坐公車還方便。

以八王子為根據地的UKAI集團，是一個非常有企圖心的日本股票上市餐飲集團，旗下十三間餐廳，分別有懷石料理、炭火燒、鐵板燒、豆腐屋、割烹料理等不同的型態，其中鐵板燒餐廳，還得到了米其林一星的肯定，最有趣的是，每一間UKAI餐廳的裝潢都不一樣，有的歐式華麗、有的和式自然、有的摩登現代、有的具有法國南部的鄉村風情……即便同樣是鐵板燒、同樣是豆腐屋，菜單、價位卻不盡相同，雖說是集團連鎖，實則各有風情。

「UKAI鳥山」是UKAI集團的第一家餐廳，占地六千坪的庭園內，散落著約四十棟左右的日本傳統木屋建築，有的是具有茶室風格的數寄屋造，有的

❶ 「UKAI鳥山」是UKAI集團第一間餐廳。

❷ 每一間數寄屋造都可以看見窗外的庭園美景

❸ 烤岩魚是山野鄉土料理必有的美味。

❹ 「UKAI鳥山」主打的雖是炭火燒,但仍有精緻的前菜小缽。

則是以茅葺屋頂的合掌造,各以大、小包廂或大廣間的型態作為客人用餐的場所,屋外有小橋、流水,春天有櫻花、水芭蕉、菖蒲,夏天有螢火蟲飛舞、秋天可賞紅葉,冬天有殘雪紅梅,可以說是四季皆美,我比預約的時間提早到達,在吃飯之前先在庭園遊逛,這看似自然樸實的庭園,其實是匠心獨具的精心打造。

更讓人詫異的是,入口處還有一幢屬於世界遺產級的合掌造,這是「UKAI鳥山」從越中五箇山移築於此,距今已有四百年的歷史,一間擁有世界文化遺產的餐廳,真是夠酷的!

數寄屋造內的炭火燒料理

為了符合這里山村落的氣質,「UKAI鳥山」提供的是粗獷的炭火燒,主菜可以選地雞或和牛,我們一人點一種,兩種肉類都試試看,但在主菜之前,還有許多道前菜。

燉煮芋頭、胡麻豆腐、鮭魚卵,三樣前菜小缽的味道都不錯,繼之而上的雞肉野菜清湯亦清爽可口,比較特別的是「佐久鯉の洗い」,也就是鯉魚生魚片,現在生魚片用的魚類多是海魚,其實平安時代宮中節慶所用的「三鳥五

魚」，三鳥是指鶴、雁、雞，五魚是指鯉、鯛、鱸、鰹、鰈，鯉魚的排名反而在鯛魚之上，是只有在祭祀或慶典時才能享用的料理，這鯉魚顯然吐過泥沙，吃起來清爽Q彈，絲毫沒有土味。

　　吃完了前菜，炭火燒物開始登場，第一道是岩魚鹽燒，哈哈！剛剛在庭園遊逛時，看到一位老伯伯正在一間覆滿青苔的茅葺屋下烤岩魚，莫非現在吃的岩魚便是出自於老伯伯之手？心裡這樣想著，這烤岩魚，吃起來就更有味了！

　　吃罷烤岩魚，桌子中央已置上炭爐，銅製的烤盤覆於其上，師傅端出已經串好竹籤的雞腿、雞翅、地瓜、大蔥，還有一塊油脂豐富的和牛，開始了桌邊服務，當油脂滴落在炭火上，一時之間，濃煙四起，所幸濃煙很快消散，不會感到太不舒服。

　　香噴噴的烤肉上桌，我迫不及待地拿起一串雞肉咬了一口，雞肉雖然燙嘴，但肉嫩皮脆，非常好吃；師傅指了指桌邊的一罐醬料，建議我連肉帶叉，將整支竹籤鑽進陶罐沾上醬料再吃，原來的雞肉只撒了些鹽，沾上鹹甜的醬料後，又是另一番風味。

　　大多時候，我喜歡味道濃郁的牛肉更勝清淡的雞肉，憑心而論，這塊和牛雪花肥腴，並不算差，但燒烤過後，竟覺得這和牛只是一般好吃，雞肉卻是絕頂好吃，雞肉反而更勝牛肉一籌。

| 1 | 2 | 3 |

❶ 和牛炭火燒油脂很豐富。
❷ 「UKAI 鳥山」採桌邊服務的方式幫客
　人燒烤雞肉與牛肉。
❸ 地雞串燒烤得皮脆肉嫩，非常好吃。

　　食事則是山藥泥飯，山藥泥混合了高湯，滑潤中略帶鮮味，就著醬菜，稀
里呼嚕就吃下一大碗；甜點除了冰淇淋外，還有一碗地瓜年糕紅豆湯，地瓜年
糕軟糯Q彈，這一餐飯，既有山野農家氣息，在粗獷中卻見細緻。

　　UKAI鳥山，高尾山下的合掌造聚落，令人懷念的日本里山風味。

從五箇山移築過來的合掌造已有四百多年歷史。

UKAI 鳥山

⌂ http://www.ukai.co.jp/toriyama/

✉ 東京都八王子市南淺川町3246，
　京王線高尾山口車站下車，
　10:00～20:00每隔20分鐘有一班
　接駁車載客前往餐廳

☎ 042-661-0739

🕐 11:30～22:00，週二休

💲 雞肉炭火燒5,830日圓起，和牛炭
　火燒9,500日圓起

03

古桑庵

素敵的
古民宅庭園茶房

胖狗評鑑

美　味　度　★★★
環境舒適度　★★★★

古桑庵的主人是大正末期的地主渡邊彥，渡邊彥與夏目漱石的女婿，即日本小說家松岡讓是好友，兩人退休後共同設計了這間茶室，由於渡邊彥喜歡桑木，大費周章地從長岡調運了桑木古材作為建材，在昭和二十九年（1954年）完成這間茶室，松岡讓因此將之取名為「古桑庵」。

　　一九九九年，渡邊家將「古桑庵」改為喫茶店，造福了許多古厝咖啡迷。從石板小徑走進庭園，發現

		3
1	2	4

❶ 古桑庵位於自由之丘。
❷ 「古桑庵」裡置放著許多
　 頗有年代的古物。
❸ 「古桑庵」擁有美麗的日
　 式庭園。
❹ 「古桑庵」另設藝廊，舉
　 辦許多陶磁器展。

「古桑庵」除了茶房之外，庭園另一側還有一個小型藝廊，原來渡邊家與東京藝文界結緣很深，現任店主渡邊芙久子還是個人偶製作師，因此「古桑庵」除了會展示渡邊芙久子所製作的人偶外，藝廊也不時地舉辦各種木雕、陶器、磁器、和服等展覽，如果運氣好的話，還會碰到落語家來此表演。

　　東京這樣洋溢著純日式風情的茶房真的不多見，因此「古桑庵」人氣頗高，我仔細打量室內的擺設，發現渡邊家很大方地把自家收藏的骨董、字畫展示出來給客人欣賞，置放得隨意瀟灑，更顯這些古物原就是生活之器，並未因其珍貴而束之高閣。

　　或許自由之丘本來就是個絕佳的散步地，所以來此的客人大多只是歇歇腳，即使客滿也不會等太久，不多久，我便被幸運地帶往窗邊的座位，恰好可以欣賞庭園美景。

自由之丘的純日式和菓子

　　我點了あんみつ（anmitsu）與ところ天（tokoroten），兩種都是純和風的點心。あんみつ常被翻成「餡蜜」，ところ天中文翻成心太、瓊脂，其實就是我們所熟悉的洋菜，這種從海藻中提取的膠質，從江戶時代便開始出現，本來是只有大名貴族才能食用的養生食材，現在應用範圍已經很廣，江戶時代流傳的吃法，是直接淋上醋、醬油食用，現在只有在少數甘味處，還提供這種頗為「復古」的點心。

　　「古桑庵」的ところ天屬關東的鹹酸口味，除了醬汁之外，還加了海苔、白芝麻、黃芥末以增加風味，冰冰涼涼的吃起來分外開胃；有的時候甜點吃多了，吃一碗這種鹹酸的點心，反而覺得清涼解膩。

1 ｜ 2

❶ ところ天鹹酸清涼，吃來非常消暑。
❷ 餡蜜是常見的和風甜點。

古桑庵

☌ http://kosoan.co.jp
✉ 東京都目黑區自由之丘1-24-23，
　自由之丘車站步行5分鐘
🕐 11:00～18:30，週三休

「釜竹」改建於百年石藏，外觀看起來沉穩厚重。

04

根津 釜竹

百年石藏裡的
絕品烏龍麵

胖狗評鑑

美味度 ★★★★★
環境舒適度 ★★★★

到底該把「釜竹」以重新改造百年倉庫為餐廳的角度，在本書中分類到「建築古宅美景」的單元中？還是依其供應的絕品烏龍麵，分類到「庶民料理」的單元裡？我確實倍感猶豫，因為不論從哪一個角度，「釜竹」都很值得造訪。

先說建築物。

位於根津的「釜竹」，躲在一條小巷內，明治四十三年（1910年）所

建的石藏（石造倉庫），本已殘破不堪，小小的一間烏龍麵店，竟然請來鼎鼎大名的隈研吾建築事務所，重新予以翻修改建，保留了石藏原來的沉穩厚重。

　　有趣的是，雖然古老的倉庫屋頂極高，但隈研吾並未增建一層樓地板，變成兩層樓來增加客席，反而刻意保留了挑高的天花板，再利用倉庫門口另行搭建了外室，兩者彼此相連，以解決客座位不足的問題；新搭建的外室恰好面向與隔壁老人院共用的庭園，不但讓室內光線充足，又把庭園綠意引入室內，確有其巧思。

　　再說食物。

　　「釜竹」雖有許多酒肴，但主食只有一樣，便是烏龍麵。

究極烏龍麵的冷熱滋味

　　烏龍麵（うどん），漢字也寫作「饂飩」，相傳是在奈良時代由空海大師自大唐帶回了烏龍麵的製作方法，拯救了讚岐國（現在的香川縣）貧民，因此四國的香川縣被視為烏龍麵的原鄉，雖然日本人常以「關東蕎麥麵，關西烏龍麵」來顯示不同的麵食文化，但不同地區的烏龍麵，口感不盡相同，傳統上，關西烏龍麵較柔軟易於沾附高湯，讚岐的烏龍麵則偏Q彈；近年來Q彈系的烏龍麵廣受歡迎，所以有不少職人致力於製出Q彈具咬勁的烏龍麵，「釜竹」正

❶「釜竹」與旁邊的老人院共用一個庭園。
❷ 隈研吾建築事務所改建時保留了挑高的天花板。
❸ 胡麻豆腐每日限定十份。
❹ 日本所謂的「藥味」，即是指各種辛香配料。
❺ 炸蝦天婦羅的水準完全不輸天婦羅專賣店。

| 1 | 2 | 3 | 4 | 5 |

是其中之一。

　　「釜竹」的烏龍麵很簡單，只有熱烏龍麵（釜揚げうどん）、冷烏龍麵（ざるうどん）兩種，而冷麵可以選擇粗麵（太打ち）或細麵（細打ち），我冷、熱各點一份，冷麵則選擇了粗麵。

　　首先上來的是各種「藥味」。日本人所謂「藥味」，是指各種辛香料與海產乾貨；「釜竹」的藥味配料有蔥花、薑泥、七味粉，另有一個小缽裝著「揚け玉」，或稱「天かす」，其實就是天婦羅麵衣的碎片，浸泡在醬汁沾著麵一起吃可以增加口感，最令人稱道的是，「釜竹」的「揚け玉」乾爽酥脆，完全沒有油味，害我甚至舀了一匙當零食吃。

　　「釜竹」雖然源於大阪，但是熱烏龍麵與關西常見的熱湯烏龍麵完全不同，這裡的熱烏龍麵條採取沾麵吃法，侍者會另外給你一碗熱醬汁，讓你從熱湯中瀝放在醬汁碗中加上其他藥味配料一起吃。

　　「怎麼這麼Q啊？」才吃了第一口，我便訝異於這麵條的Q度，因為大部分熱烏龍麵的麵條都偏軟爛，很少能吃到這樣的Q度；熱麵條已經如此Q彈，我更好奇，接下來的冷烏龍麵，會是怎樣的口感？

　　放在竹籃裡的冷麵上場！光亮滑溜的賣相令人垂涎欲滴，我先嚐一口白麵條，果然更Q、更硬，淡淡的鹹味讓麵粉的甜味更加明顯，我一口接一口，光是白麵條就吃了一大半，我發現，沾了醬汁與辛香料的麵條味道固然豐富，但

1	5
2	6
3	
4	

❶ 釜揚げうどん是熱的烏龍麵。

❷ 把各種辛香料與揚げ玉放進醬汁裡，沾麵一起吃。

❸ 新政的「瑠璃」是以美山錦釀造的純米酒。

❹ 炸花枝鹹香酥脆。

❺ 釜竹的酒肴鴨肉雖是冷菜，卻十分美味。

❻ 櫻花蝦煮茄子，鹹香下酒。

白麵條反而更能凸顯它的魅力，究極的烏龍麵，其實不沾醬，就很好吃。

日本酒與酒肴都是上乘之選

「釜竹」的酒肴很豐富，後來我又與家人在晚上造訪「釜竹」，這回人多便點了更多的酒肴，櫻花蝦煮茄子、印上釜竹烙痕的高湯玉子燒、豚肉角煮、烤魚、薩摩揚……我一口氣點了好多酒肴，每道菜都沒讓人失望，特別是侍者推薦的花枝天婦羅，口感有點像魷魚絲，但是炸得乾香鮮酥，每個人都大讚好吃得不得了！

本來看到酒單中有號稱清酒之王的「十四代」，便想點來喝，誰知道，產量稀少的「十四代」已經賣光了！侍者推薦我喝另一款秋田縣「新政」的「瑠璃」，是以東北代表性的酒米美山錦釀造的純米酒，味道輕快端正，極易入口，第一次發現，不用到吟釀等級的純米酒居然會這麼好喝。

後來才知道，「新政」是近年來異軍突起的傳統酒造，雖然歷史悠久，但在年輕的第八代佐藤佑輔接手之後，研究自家酒藏的歷史，發現日本現存最古老的六號酵母，竟是自己的祖父發現的！可惜的是，「新政」出產的酒，沒有一款是用六號酵母來釀造，於是他決定把自家的酒全部改以六號酵母來釀造，而且不過度精米、不加任何添加釀造用乳酸等添加物，並降低酒精的濃度，甚至酒瓶也重新設計得時尚現代，這一番銳意改革之後，讓許多不愛喝日本酒的年輕人，也愛上了日本酒。

「釜竹」真是一家好餐廳！酒肴美味、烏龍麵出色、酒類豐富、建築又是大師改建的百年石藏，這麼多的優點集一於一身，怎能不去嚐一嚐？

根津 釜竹

- ⌂ http://kamachiku.com
- ✉ 東京都文京區根津2-14-18，千代田線根津車站1號出口步行5分鐘
- ☎ 042-661-0739
- ⌚ 11:30～14:30，17:30～21:00，週一休、週日晚上休
- ⑤ 熱烏龍麵850日圓、冷烏龍麵900日圓，各式酒肴400～800日圓

05

CANAL CAFE

櫻花×電車×遊船

胖狗評鑑

美　味　度　★★★☆
環境舒適度　★★★★☆

如果你想在櫻花樹下喝咖啡，你可以來CANAL CAFE。

如果你想一邊看火車行駛，一邊享受美食，你可以來CANAL CAFE。

如果你想享受了美食之後，在河邊划個不太累的船，你可以來CANAL CAFE。

這不是CANAL CAFE的宣傳口號，而是去過CANAL CAFE之後，發現這家餐廳居然有這三大特點，其實在東京，任何一家餐廳只要有其中之一，都會大受歡迎，CANAL

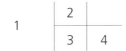

❶ 餐廳區也有一塊室外甲板的空間。
❷ CANAL CAFE 櫻花季時甲板區一位難求。
❸ 吻仔魚義大利麵很清爽。
❹ CANAL CAFE 的披薩是高溫窯烤的披薩。

CAFE 居然可以集三大特色於一身，真是要不紅也很難。

剛好朋友要去東京賞櫻，我便強力推薦她去 CANAL CAFE 吃午餐，回來之後，她大呼：「排隊的人實在太多了！」CANAL CAFE 分成室外甲板區與室內餐廳區，櫻花見頃時，每個人想在甲板區浪漫一下，所以甲板區大排長龍，所以朋友只好選擇不用等待的餐廳區，朋友說：「或許是櫻花季時人太多了，餐廳把桌椅排得好密，連起身都覺得不太方便。」而且櫻花季時，午餐的價格也比平常貴。

我造訪時，正值日本黃金週，但是天氣涼爽河岸綠意宜人，由於 CANAL CAFE 供應的是義式餐點，甲板區採自助式輕食的經營模式，客人要自己去櫃檯窗口點餐，雖然也有義大利麵、披薩，但相比之下，餐廳區的服務較為周到，當然價位也比較高，或許是過了櫻花季熱潮，餐廳區的座位並不像朋友造訪時那麼擁擠。

每日替換新鮮組合的美味沙拉

餐廳區的午餐以義大利麵、披薩為主食，有多種不同口味可以選擇，我點了吻仔魚義大利麵與瑪格麗塔披薩，兩種都還不錯，但我更有興趣的是每日替換、可以自由取用的沙拉吧，每日替換的六種沙拉，每一樣都很好吃，日本人總是可以用你想不到的組合方式，做出各式各樣的美味沙拉。

用餐時，看到侍者正在協助帶著小孩的客人划船，其實CANAL CAFE的原址是一九一八年創立的東京水上俱樂部；現在雖然划船的人少了，昔日販賣檸檬汽水與刨冰的地方，也改成了時髦的義大利餐廳，但是週末假日的午後，還是有父母帶著小孩來划船，享受片刻的悠閒，CANAL CAFE與熱鬧的神樂坂僅僅是一條馬路之隔，卻有著截然不同的氣氛，東京的市中心，有這樣一個地方，真好！

CANAL CAFE

⌂ http://canalcafe.jp/

✉ 東京都新宿區神樂坂1-9，JR飯田橋站西口步行2分鐘，地鐵飯田橋站B2出口步行1分鐘

🕐 平日11:30～23:00，
週末假日11:30～21:30，
每月第一、第三個週一休

💲 餐廳區午間套餐1,600日圓起（含飲料、沙拉吧、主食），櫻花季漲價為2,800日圓，甲板區簡餐1,300日圓起

---

1 / 2

❶ 餐廳區的沙拉吧六種沙拉每日替換，每種都很好吃。

❷ 每到櫻花季，CANAL CAFE一定人滿為患。

KIHACHI 是銀杏並木通上最深得我心的「銀杏餐廳」。

06

KIHACHI
青山本店

銀杏樹下的金黃浪漫

胖狗評鑑

美味度 ★★★★
環境舒適度 ★★★★★

東京除了賞櫻之外，每年十一月中旬開始轉黃的銀杏，也是吸引許多人前往東京旅遊的目的；在東京的銀杏名所中，最令人瞠目結舌的，要屬明治神宮外苑這一段，長約三百公尺左右的銀杏並木通了！

全日本所有的銀杏大道，沒有一處能像神宮外苑的銀杏樹，長得如此高大、修剪得如此整齊，從青山通這一側看過去，兩排銀杏樹呈三角錐狀

次第向聖德紀念繪畫館延伸，讓這條銀杏大道在視覺上顯得格外氣宇軒昂。

　　事實上，一九二六年神宮外苑種植這片銀杏時，還著實費了一番周折；當時明治神宮挑選了素有「植物界活化石」的銀杏作為行道樹後，先從明治神宮苗圃內一千六百棵銀杏樹中，像為皇帝選秀女般，精選了一百多棵姿態挺拔的銀杏樹，別以為只要算好距離、排成直線就可以種下去那麼簡單，為了讓這條銀杏並木通看起來雄偉壯闊，當時的神宮造營局特地從繪畫館這一側由低至高栽種，還在地基上刻意降了一公尺，當時的銀杏樹高約六公尺，百年之後，這些銀杏樹最高的已達二十八公尺，從青山通這一側望過去，聖德紀念繪畫館變得好遙遠，銀杏並木通顯得更氣勢磅礴。

　　為了讓這些銀杏樹在枝繁葉茂時呈三角錐狀，每四年一次，趁著一到三月葉落之時，工匠們得爬上枝頭修剪樹形，才能讓這些銀杏樹一直維持挺拔的三角錐形，是這份經年累月的細心呵護，才讓這裡躍居東京第一的銀杏名所。

　　我在二〇一四年去這條銀杏大道賞銀杏時，雖然沉浸在滿地金黃的銀杏地毯裡，卻也注意到這裡有幾家餐廳，竟然得天獨厚地可以坐擁這片金黃色的美景，包括Royal Garden Cafe、KIHACHI，以及後來從紐約進軍東京的美式漢堡店Shake Shack，也把第一家店開在這裡；這幾家餐廳都有戶外陽台區的座位，其中時髦的KIHACHI，格外引起我的注意，當時雖然沒有在那裡用餐，但因為實在喜歡神宮外苑銀杏並木通，即使不是在金秋季節也去了好幾次，所以吃過這兒的幾家「銀杏餐廳」，果然，還是KIHACHI（キハチ）最深得我心。

1 | 2 | 3 | 4

❶ 即便不是金秋季節，坐在露台用餐也很愜意。
❷ 神宮外苑銀杏並木通是東京第一的銀杏名所。
❸ KIHACHI 老闆熊谷喜八得到黃綬褒章。
❹ 超好喝的青豆火腿奶油湯。

曾獲黃綬褒章殊榮

有一回造訪KIHACHI時，看到門口貼了一張慶祝KIHACHI老闆熊谷喜八榮獲黃綬褒章而舉辦的賞味會海報，我才知道原來KIHACHI是東京名店中的名店，熊谷喜八更是名廚中的名廚，除了曾經擔任日本駐塞內加爾、摩洛哥大使館的料理長之外，更在法國、日本多家知名餐廳擔任主廚，不論得獎紀錄、食譜著作都很豐富，日本政府對於各行各業有傑出貢獻者，都會頒發不同種類的褒章，黃綬褒章代表的是在農、商、工業中精進勤奮，具有相當的技術與事蹟，足以成為模範者。

KIHACHI是熊谷喜八與日本SAZABY合資成立的一個餐飲品牌，走中上價位路線的KIHACHI，晚餐價格大約是八千到一萬日圓，所以吃午餐較為划算；平日限定的午間套餐，含湯、飲料、義大利麵，是一千八百日圓，如果想吃得豐盛一點，可以選擇有前菜、義大利麵、魚料理、肉料理、飲料的套餐，依道數多寡與食材不同，價格落在二千多到五千多日圓。

剛剛好的料理哲學

「這個湯好好喝喔！」第一道上來的青豆火腿奶油湯，我就被煞到了！雖然是青豆奶油湯，但奶味不會太重，反而在濃郁中有一股清新的風味，幾片火腿的鹹香，更扮演著畫龍點睛的作用，我只恨玻璃杯中裝著的青豆湯分量太

少，如果不是杯子有點深，我差點就想把玻璃杯舔乾淨！

　　我點的前菜是雞肉牛蒡沙拉佐芝麻梅肉醬，義大利麵則是海苔海膽奶油義大利麵，都是帶有和風色彩的西式料理，至於肉料理則是牛肉網燒佐檸檬青胡椒醬，牛肉處理的熟度也剛剛好，這幾道菜味道都不錯，處理也相當精緻細膩，但是說實話，比較沒有讓人覺得有特別驚豔之處。

　　倒是套餐中所附甜點，一道淋了草莓果醬的香草冰淇淋布丁，看起來平凡無奇，卻非常好吃，難怪KIHACHI會另外發展甜點部門；我注意到，很多客人都選了另一款有五種甜點的套餐，顯然衝著這裡的甜點而來的客人還不少。

　　我們兩個人雖然把每種品項的餐點都嚐了一輪，但吃完之後，卻覺得分量剛剛好，本來以為是午餐所以每道菜的分量都不多，後來才想起，珍惜食材的熊谷喜八曾經說過，他希望把分量控制在每道菜都讓人覺得美味，且吃到甜點時覺得分量恰到好處的程度；KIHACHI果然身體力行了這樣的料理哲學。

1 | 2

❶ 在銀杏樹下吃雞肉牛蒡沙拉。
❷ 牛肉網燒佐檸檬青胡椒醬，牛肉的生熟度剛剛好。

KIHACHI 青山本店

✉　東京都港區北青山2-1-19
☎　03-5785-3641
🕐　11:30～21:00
💲　平日午餐1,800日圓起、晚餐
　　8,000日圓起

4

江戶前的
庶民味

何謂「江戶前料理」?
江戶前料理,狹義的解釋,
是指運用「江戶前海域」捕撈的海產漁貨做出來的料理,
但是因為氣候與環境污染,
東京灣漁貨量近二十年來遽減50%,
如今東京以「江戶前料理」自居的廚師,
也不得不購入其他地方的漁獲。

在接觸日本料理的過程中，常常看到所謂的「江戶前料理」，但是何謂「江戶前料理」？翻閱各種不同的文章，總有不同的解釋。

根據三省堂的《大辭林》與岩波書店的《廣辭苑》，這二部最著名的日文辭典中的解釋，「江戶前」原意是指江戶城前的近海，即芝、品川一帶的海域；但是這片「江戶前海域」，後來多被填平為海埔新生地，因此現在「江戶前海域」的定義，已擴大至整個東京灣。

江戶前料理，狹義的解釋，是指運用「江戶前海域」捕撈的海產漁獲做出來的料理，由於這片海域有多摩川、隅田川、江戶川等高達六十條河川匯流入海，河川與海洋交匯的生態，讓海灣內的魚蝦貝類食物來源豐富，海產漁獲品質格外優異。

但是因為氣候與環境污染，東京灣漁獲量近二十年來遽減50％，如今東京以「江戶前料理」自居的廚師，也不得不購入其他地方的漁獲，例如以北海道的食材為替代品，既然所用的食材不再局限於「江戶前海域」，那麼時至今日，「江戶前料理」又該如何定義呢？

壽司之神小野次郎說：「就是把尋常的工作做到極致。」

野田岩五代目金本兼次郎說：「『江戶前』另一層意義是代表江戶之子堅忍的個性，這種特質也反應在對料理的態度。」

天婦羅之神早乙女哲哉說：「『江戶前』不僅僅是指那一方海域，或烹飪手法而已，對我個人來說，『江戶前』比較趨近於形容料理人的志氣！」

　　三位江戶前料理大師，把「江戶前料理」說得愈來愈玄了！或許現在「江戶前料理」已被視為日本料理的一個流派，甚至是一種料理美學。

　　如果從日本飲食發展的歷程來看，江戶時代社會安定，百姓生活富足，加上海產資源豐富，可以說是庶民飲食最多元、最發達的時代。握壽司、鰻魚飯、天婦羅、蕎麥麵，並列為江戶前四大料理，它們發展的起源，並不始於皇族貴冑，而是源於街頭小販，是庶民的日常飲食，像握壽司的流行，就與江戶人急躁的個性有關，簡單地在飯糰上放塊魚肉就能吃，讓江戶男兒們站在攤販旁吃個四、五塊就飽了（以前的握壽司比較大），這種「速食」的特性，是江戶庶民料理的一個重要元素。

　　從這裡也可以解釋，為什麼江戶時代「丼飯」特別發達。

　　一般認為，丼飯起源於室町時代的「芳飯」（把菜放在飯上，加進高湯一起吃，類似今天的茶泡飯），到了江戶時代，把天婦羅放在飯上的天丼，把蒲燒鰻放在飯上的鰻丼，把文蛤、海瓜子放在飯上的深川丼，這些丼飯在江戶時代出現並且廣受歡迎，多少與江戶人就連飲食也更重視速度、效率有關。

　　現在，就讓我們來好好地品嚐天丼、鰻丼、深川丼、關東煮、蕎麥麵、握壽司，這些從江戶時代就流傳至今的庶民美食吧！

01

淺草 まさる

天丼的最高峰

胖狗評鑑

美 味 度　★★★★★
環境舒適度　★★★

相對於慢條斯理地吃著一道道天婦羅套餐，對於大多數人而言，要享受天婦羅的美味，最方便快速的，莫過於吃一碗香氣四溢的天丼了！

　　天婦羅雖然名列江戶前四大料理之一，但其實是室町時代由葡萄牙傳教士傳入日本的外來食物；天婦羅一詞，有一說是出於基督教「大齋期」的temporas，不但發音相近，而且大齋期有不可吃肉的規定，剛好傳統上天婦羅也不會使用肉類，兩者頗有相

❶ まさる店內空間很小，只有十來個位子。
❷ 一進入巷子，還沒走到門口，就看到まさる的立牌和布條。
❸ 好大一尾明蝦，下鍋前還是活跳跳的哩！

通之處，以此觀之，關西地區把甜不辣這類油炸的魚漿製品也稱為天婦羅，似乎也一脈相承。

天婦羅雖然很早就傳入日本，但是真正廣為流行，卻是到江戶時代菜籽油普及後的事。早期日本的食用油只有芝麻油，現在早有各種油品可以取代芝麻油，但論炸出來的香氣，卻沒有其他油品可以與芝麻油匹敵；不過，芝麻油的發煙點較低，約一百六十至一百八十度，菜籽油或沙拉油的發煙點都在二百二十度以上，以操作特性來看，沙拉油、菜籽油都比芝麻油容易炸，且瀝油的速度也快，所以現在大多數的店家都是採取混合芝麻油與沙拉油的作法，分別取其香氣與易炸的特性。

充滿下町風情的淺草，無疑是天丼的大本營。在淺草的天婦羅老舖中，我最喜歡的是隱藏在仲見世通巷子裡的「まさる」（ma-sa-ru）。相較於那些百年天婦羅老舖，昭和二十二年（1947年）創業的「まさる」，距今「只有」七十

年，在台灣觀光客之間的知名度並不高，但是在日本許多饕客心目中，卻讚譽其為「天丼的最高峰」。

「まさる」位於仲見世通的一個巷子內，還沒走到門口，巷口就掛出「天丼のうまい店」（好吃的天丼店）的立牌與布條，此時剛剛過了十一點，「まさる」才開始營業，所以剛好有位子。後來一位朋友聽到我沒排隊就吃到「まさる」，大感不可思議，因為他為了吃這家的天丼，足足在門口排了三個小時！

進門之後，我才知道，為什麼朋友會等這麼久；連同吧檯與桌子，店內一共只有十來個座位，菜單更簡單到只有「江戶前天丼、車海老天丼、味噌汁」三種，但是點餐後，至少要等十五到二十分鐘才會上菜。

活跳海鮮下一秒現身為炸物極品

為什麼要等這麼久？朋友說：「因為まさる所用的明蝦都是現殺現炸，前一刻還是活跳跳的哩！」等了一會兒，我的「江戶前天丼」就上來了，咦！怎麼有一個碗，蓋住了它的面貌？

老闆慎重其事地把遮住所有炸物的碗蓋拿下來。「哇！」所有炸物像跳舞般躍然於碗中，而且香味撲鼻而來，簡直就像能劇演員卸下面罩的那一刻，讓人充滿驚喜；僅僅是一只碗蓋，「まさる」卻營造出十分有趣的戲劇效果。

「まさる」的「江戶前天丼」，果然遵循江戶前的傳統，只有海鮮沒有蔬菜，四樣炸物分別是明蝦（車海老）、穴子（又稱星鰻）、沙鮻（キス，屬白肉

| 1 | 2 | 3 |

❶ 天丼上來時，先賣個關子，用碗蓋遮住所有的炸物。

❷ まさる的江戶前天丼，所有的炸物像在跳舞。

❸ 天丼裡有一整尾穴子，口感非常結實。

魚）、女鯒（メゴチ，又稱目鯒，也是一種白肉魚）。

　　任何人看到這碗天丼，都會雀躍不已，我驚呼：「好大的明蝦、好長的穴子啊！」本來還覺得這「江戶前天丼」售價三千多日圓，實在有點貴，但一看到這麼大的明蝦，立刻覺得物有所值；吃進第一口，我百分之百相信這明蝦下鍋前絕對是「活物」，因為它的肉質真的非常有彈性，蝦頭也酥香鮮美，是那種可以連殼吃光的程度；穴子的麵衣比較厚，但是堅挺酥脆，咬起來還有「咔哩咔哩」的聲音；至於兩種白肉魚，麵衣較薄，但同樣的鬆軟。

　　相對於炸物的豐富，碗裡的白飯量並不多，但是米飯飽滿有光澤，醬汁也很清爽，細細品味，覺得這碗天丼不論食材、炸功、醬汁、白飯，每樣東西都非常用心，難怪會贏得「天丼的最高峰」的美譽。

まさる

✉ 東京都台東區淺草1-32-2，淺草站步行5分鐘，從新仲見世通的「今半本店」對面的巷子走進去

☎ 03-3841-8356

🕐 11:00～14:00，只有中午營業，週三、週日、國定假日休

💲 江戶前天丼3,700日圓，活車海老天丼5,800日圓，味噌汁200日圓

02

大多福

融合關東與關西的
關東煮

胖狗評鑑

美　味　度　★★★★
環境舒適度　★★★☆

關東煮，日文念做おでん（o-den），是台灣人再熟悉不過的料理，寒冷的冬天裡來上熱呼呼的一碗，總是讓人從胃到心，都暖和了起來。

　　這種日本小食，源於室町時代就出現的「味噌田樂」，是一種以竹籤串起豆腐後，沾上味噌在爐火上炙烤的鄉土料理；到了江戶時代，為了迎合江戶速食的風氣，衍生出把豆腐田樂丟進大鍋子裡面，用加了醬油的柴

❶ 「大多福」關東煮融合關東與關西湯頭的
　特色。
❷ 「大多福」充滿老鋪的風情。
❸ 「大多福」老闆的英文很流利，觀光客不
　用擔心語言問題。

魚昆布高湯燉煮，再沾上味噌醬的吃法，而食材也變得多樣化起來，當時京都
方面為了區別燒烤田樂與燉煮田樂的不同，就把它稱為「關東煮」。

　　當時的關東煮，鍋裡的高湯不像現在那麼多，而且用的醬油是江戶人喜歡
的濃口醬油；濃口醬油顏色比淡口醬油顏色深，但味道沒有那麼鹹，所以很適
合燉煮，但是關西人不喜歡顏色深的濃口醬油，總覺得煮出來食材黑呼呼的，
看起來太粗俗，就改用淡口醬油來煮，也形成顏色清淡的「關西風關東煮」。

溫暖東京人的關西風關東煮

　　現在東京流行的大多都是湯頭顏色淡雅的「關西風關東煮」，這是因為在
關東大地震發生時，東京宛如一片廢墟，從大阪等關西地區趕赴東京救災的民

眾，為了讓災民有熱食可吃，便煮了關東煮，關西人煮的當然偏向關西風，災民在家園盡毀的絕望時刻，一碗熱呼呼的「關西風關東煮」，恰似一道暖流，鼓舞了災民的心，從此「關西風關東煮」便在東京大行其道。

走進淺草附近的關東煮老鋪「大多福」，從那充滿老鋪氣息的門庭開始，彷彿便掉進了一條時光隧道。

大正四年（1915年）從大阪法善寺搬遷來淺草落腳的「大多福」，店內的格局很有趣，長長的吧檯隔幾個位子就有一口銅鍋，一直延伸到後方，中間竟然有一個水池，後面是寬敞的座位區，牆上掛著許多舊日的照片，讓人窺見淺草的歷史蹤跡。

當我發揮觀光客本色，饒富興味地打量牆上掛著的照片、圖畫時，服務人員熱心地指著一張淺草寺古繪圖，左上方的一角，竟然有「大多福」的店址！當我好奇地詢問，為什麼店內的水池旁放了一個高塔模型？服務人員笑著說：「那是明治時期建造的淺草凌雲閣，是當時淺草的地標，日本第一座升降梯就

1	2		
3	4	5	6

❶ 吃關東煮，第一道一定先試蘿蔔，就可知道店家的功力。
❷ 關東煮起源於豆腐田樂，所以食材中必有燒豆腐。
❸ 把高麗菜卷燉得軟爛，裡面的蔬菜仍保有口感。
❹ 多種丸類裡面包的東西都不一樣。
❺ 過去的淺草公園有一個瓢簞池，但現在已被填平。
❻「大多福」店內有個水池。

在凌雲閣！」店內的水池象徵以前淺草公園裡的瓢簞池，凌雲閣就建在瓢簞池旁，帶動了淺草地區的繁華，只可惜凌雲閣在關東大地震中遭到毀壞，瓢簞池現在也已經被填平。

啊！如果不是來到「大多福」，我還真不知道以前的淺草公園，居然還有一個水池呢！

蘿蔔咬一口，就知有沒有

就在我四處打量「大多福」內的各種擺設時，老公已迫不及待地自大鐵鍋中點了一些東西來吃。來吃關東煮，第一碗一定要先點個蘿蔔試味道，一看這蘿蔔我就滿心歡喜，滷得極透不說，連邊角都刻意修整過，防止燉煮時碰撞影響了外形，吃一口，水嫩嫩的蘿蔔吸滿了高湯的甘甜，真是好吃！

本來只想點個二、三樣東西當作消夜的我，吃了蘿蔔之後便開始欲罷不

能，三角形的白色的鱈寶，鬆軟的口感好像鹹的棉花糖，油豆皮做的福袋也很好吃，更讓人覺得神奇的是高麗菜卷，明明外表的高麗菜都已經燉得很軟爛了，怎麼裡面的蔬菜還保有爽脆的口感？

吃關東煮最大的好處，就是不會日文也可以吃得很盡興；我開始用我的「一指神功」在銅鍋裡亂點亂指，燒豆腐、海帶，以及一些不知名的丸狀物，裡面有的包了肉、有的包了魚、有的包了蝦……，雖然外表看起來很相似，但其實都是不一樣的滋味，更讓我驚豔的是海帶，沒想到這海帶在沒有燉得太軟爛的情況下，竟然還能吸收高湯！

由於造訪時已是消夜時刻，鍋內食材不若晚餐時澎湃，但是一些代表性的食材，如雞肉丸子、竹輪、牛蒡麩、雁擬（是一種包了野菜的什錦炸豆腐，古代雁肉是珍貴的食材，百姓吃不起便以豆腐混合佐料、蔬菜，油炸後做出類似雁肉的口感，關東人稱「雁擬」，關西人則稱為「飛龍頭」）都還有；不過，提醒大家，「大多福」的關東煮雖然每樣都很好吃，但還是得克制一下，如果貪心地把全部食材點來吃，結帳時可會讓你大吃一驚，因為這種關東煮老鋪，每樣東西都很精細，千萬別以為它是台灣路邊攤的價格。

| 1 | 2 | 3 |

❶ 一進到「大多福」，就像
　走進一條時光隧道。
❷ 天花板掛著熊手御守，祈
　求生意興隆。
❸ 位於淺草的「大多福」是
　東京著名的關東煮老鋪。

關東風的深和關西風的清爽

　　看到鍋內深色的高湯，我問老闆，這裡是不是屬於「關東風」的關東煮？英文還算流利的老闆解釋：「其實我們是融合了關東風與關西風！」啊！難怪高湯顏色雖然深，但喝起來卻意外地清爽。

　　不過，現在想要體驗「大多福」古趣的人，恐怕要失望了！創業逾百年的「大多福」，決定在二〇一七年五月暫停營業重新整修，整修工程將進行至二〇一九年九月，工事期間將會另尋店鋪遷至它處營業，若想去品嚐「大多福」關東煮的美味，請留意官網所公布的新店址；但我私心地希望，重新整修後的「大多福」可別弄得太時髦，因為那懷舊的風情，也是「大多福」的魅力啊！

大多福

🖰 http://www.otafuku.ne.jp/index.
　html
✉ 東京都台東區千束1-6-2，地下鐵
　日比谷線入谷站步行10分鐘
☎ 03-3871-2521
🕐 平日17:00～23:00，
　週日假日17:00～22:00，
　冬天無休並中午營業，3～11月
　週一休
💲 每樣食材110～530日圓不等

03

更科堀井、
並木藪、
虎ノ門砂場

江戶前的蕎麥三味

胖狗評鑑

美味度 ★★★★
環境舒適度 ★★★★

被列為江戶前四大料理的蕎麥麵，有一股特殊的香氣。特別是在夏天吃上一碗，立刻覺得神清氣爽；蕎麥是在距今約一萬四千年前的繩文時代，即從大陸傳入日本的作物，但是做成現在切麵的型態卻是到江戶時代才出現的吃法，在這之前，蕎麥不是加入米飯一起吃，就是磨成粉之後做成蕎麥團餅，由於蕎麥本身沒有彈性，就算切成麵條也很容易斷裂，江戶時代奈良的東大寺來了一位

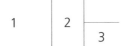

❶ 虎ノ門砂場的外觀，是大正時期的建築。
❷ 並木藪的外觀，非常符合淺草的氣氛。
❸ 「更科堀井」是更科蕎麥真正具有血緣關
　係的傳人。

朝鮮僧侶，教大家把麵粉加入蕎麥粉，增加麵條的彈性，經由僧侶雲遊四方，
這樣的製作方法傳入江戶城，立刻造成轟動。

　　古代人一天只吃早、晚兩餐，蕎麥麵是中間吃的點心，所以江戶城裡不但
路邊攤賣蕎麥麵，和菓子店也賣蕎麥麵，根據江戶末期出版的《江戶名物酒飯
手引草》記載，江戶末期的壽司店有七十五家，蕎麥麵店卻高達五百九十五
間，可見得江戶時代蕎麥麵是多麼普遍的庶民飲食。

　　隨著製粉技術的進步與作法的不同，蕎麥麵在江戶時代已相當多采多姿；
吃蕎麥麵講究的是蕎麥的香氣，但麵粉可增加彈性，所以蕎麥麵師傅就在「香
氣」與「彈性」兩邊擺盪；「割」是成數的意思，「十割蕎麥麵」是指百分之百
全都是蕎麥粉製成的蕎麥麵，「二八蕎麥麵」麵粉與蕎麥粉的比例是二比八，
當然也有所謂的九割蕎麥、七割蕎麥，指的就是蕎麥粉的比例。

| 1 | 2 | 3 |

❶ 更科蕎麥最大的特色
　就是顏色雪白高雅。
❷ 吃完蕎麥麵之後要喝
　蕎麥湯。
❸ 更科堀井的かき揚，
　炸得圓圓的像顆球。

「更科」、「藪」、「砂場」是江戶前蕎麥麵的三大流派。在一次東京行中，我一次吃遍三大流派，就是想嚐嚐它們之間有何不同，惹得陪吃的老公哇哇叫，從此再也不吃蕎麥麵了！

總本家 更科堀井──雪白高雅

「更科」是江戶前三大蕎麥麵中最特殊的一系，不同於其他蕎麥麵總是灰灰土土的顏色，「更科」蕎麥麵顏色雪白高雅，因為它只取蕎麥胚乳最中心的部分磨粉。

蕎麥果實去殼之後，有一層綠色的甘皮，甘皮之下的果實，外層呈茶色，中心部則是白色；更科蕎麥麵與其他蕎麥麵最大的不同，就是它只取用蕎麥果實中心白色的部分磨粉，所以從外表的顏色就可以輕易分辨出來。

「更科」以麻布十番為根據地，搭乘地鐵大江戶級線從「麻布十番」站走出來，會發現這裡的蕎麥屋每間都有「更科」兩個字；「麻布永坂更科本店」、「總本家永坂更科布屋太兵衛」、「總本家更科堀井」，每一間都強調自己是「總本家」、「本店」，到底誰才是正字標記的更科蕎麥麵呢？

原來一七八九年創業的更科蕎麥，是由一個信州布屋商人堀井清右衛門創立的。清右衛門來到當時在麻布的領主保科家後，決定留在江戶城，信州本就是蕎麥盛產地，他便以故鄉更級郡中的「更」，與保科家賜予的「科」，加上清右衛門後來更名為「太兵衛」，便以「信州更科蕎麥處布屋太兵衛」在江戶城

總本家　更科堀井

http://www.sarashina-horii.com/

東京都港區元麻布3-11-4，大江
戶線麻布十番站7號出口步行5分
鐘

11:30～20:30，年中無休

內開了蕎麥屋。

　　這種白色的蕎麥麵一出現，立刻在喜愛新奇事物的江戶城中引起轟動，但
是曾經風光的更科蕎麥，不敵戰爭帶來的影響，昭和年間，更科終於關門大
吉；戰後經濟蕭條，七代目先授權給料理屋老闆馬場繁太郎，後又與玩具店老
闆小林勇合資經營蕎麥屋，五年後又退出了經營，期間三方數度發生商標糾
紛，經過調停與裁決，最後馬場繁太郎加了「永坂」地名以「麻布永坂更科」
為名，小林勇以「永坂更科布屋太兵衛」為名，都正式註冊了商標。

　　到八代目堀井良造想振興家業時，祖傳名號已拱手讓人，只好加上自己的
姓氏，以「總本家更科堀井」為名開業，所以「更科堀井」才是更科蕎麥一系
中，具有血緣關係的傳人。

　　來到「總本家　更科堀井」，當然要品嚐它的招牌——雪白的更科蕎麥麵
（さらしなそばsalashinasoba），當然現在店內並不止有雪白的更科蕎麥麵，也
有加入蕎麥甘皮的もりそば（morisoba）、添加蕎麥殼的太打ちそば，或是依
季節變化加入雞蛋等其他添加物的「季節のかわりそば」，醬汁也分成甘口、
辛口兩種醬汁，可依個人的喜好自由選擇。

　　我選擇甘口的醬汁，果然，一端上來，顏色雪白細緻，冰鎮過後的麵條，
淡雅芳香，連不愛吃蕎麥麵的老公，都忍不住稱讚：「好吃！」

　　除此之外，我還點了一份「かき揚」，是一種混合了貝柱、蝦、蔬菜的天
婦羅，「更科堀井」把它炸得圓巧可愛，而且乾爽鬆脆，吃蕎麥麵，果然還是
要配炸物最適合啊！

淺草 並木藪——傳統江戶味

在江戶前蕎麥麵的三大流派中，最大的恐怕要算「藪」（やぶ）這一派了！屬於「藪」這個系統的蕎麥屋，目前在東京至少有三十家，他們還聯合組成一個「藪睦會」，聯合推廣這傳統的江戶庶民美食。

「藪」蕎麥的起源眾說紛紜，普遍的說法是源於根津團子坂的「蔦屋」，當時「蔦屋」附近有一片廣大的樹林，「藪」原本就是竹藪、草木茂密的樹林之意，因此客人乾脆就把「蔦屋」的蕎麥麵稱為「藪そば」，如此一來更聲名遠播，「蔦屋」還在神田開了分店，不過，只經營了三代就歇業了！

「蔦屋」的神田分店被淺草的堀田七兵衛買了下來，成為今日「神田藪蕎麥」的起源，「神田藪蕎麥」與淺草的「並木藪蕎麥」、湯島的「池之端蕎麥」被稱為東京藪蕎麥的御三家，事實上，他們都是堀田七兵衛的後代子孫，彼此都有親戚關係。

我這回吃的是蕎麥迷無人不知、無人不曉的淺草「並木藪蕎麥」。不論外觀、內部，素樸潔淨，一看就是那種文人雅士喜歡的風韻。

「並木藪」的蕎麥麵，是傳統的江戶風蕎麥麵；事實上，蕎麥的每個部分都可以研磨製粉，而且各有不同的風味，蕎麥果實中心白色部分磨成的粉，叫做一番粉，也就是更科粉，中心的外圍則呈茶色，茶色、白色部分一起磨粉叫做二番粉，如果連同甘皮一起磨粉，叫做三番粉，藪蕎麥的特色就是三種粉全都用，也因此，麵條的顏色，灰中帶有甘皮的黃綠。

所有的蕎麥屋都有涼麵與湯麵，但是愛吃蕎麥麵的人都喜歡吃涼麵，因為冰鎮過的涼麵不但口感好，且更能吃出蕎麥的香氣，除非天氣太冷想喝點熱湯，否則我不太會點湯麵，因為切得很細的麵條總是會被熱湯泡得過於軟爛。

藪蕎麥的另一特色，是醬汁偏鹹。相傳蕎麥麵之所以出現「麵條只要最下面的三分之一沾上醬汁」的吃法，就是從藪蕎麥開始的；令我印象深刻的是，吃完麵，把壺內煮蕎麥麵的水，加點醬汁變成的蕎麥湯，真是好喝！一杯接著一杯，害我差點就把壺中的湯給喝光了！

結帳時，我好奇地問店裡的年輕小師傅：「並木藪蕎麥、神田藪蕎麥、池

```
    1
  ┌───┬───
  2 │
  ├───┤ 4
  3 │
```

❶ 並木藪內部,一看就是文人雅士喜歡的格調。
❷ 花卷蕎麥麵是加了海苔的蕎麥麵。
❸ 藪蕎麥的特色就是一番粉、二番粉、三番粉都加,所以帶點黃綠色。
❹ 並木藪的蕎麥湯超好喝,連器具也漂亮。

淺草 並木藪

✉ 東京都台東區雷門2-11-9,地下鐵淺草站步行3分鐘

🕐 11:00～19:30,
週四休,1/1～1/3休

之端藪蕎麥，你們這藪蕎麥御三家，味道是一樣的嗎？」只見他偏著頭想了一下，說：「有點不太一樣吧！」至於如何不一樣？就待自己去比較看看囉！

虎ノ門砂場──酒肴豐富

「砂場」雖是江戶前蕎麥麵三大流派之一，但起源卻是在關西的大阪。「砂場」最早指的是大阪築城時的砂石放置場，當時那裡出現了幾家麵店，成了「砂場蕎麥」的起源，但是關西的「砂場蕎麥」是何時傳入江戶？並沒有明確的記載，一七五一年出版的《蕎麥全書》就已經提到「砂場蕎麥」，江戶末期所出版的《江戶名物酒飯手引草》中，就介紹了六家「砂場」蕎麥屋。

現在東京還存在的「砂場蕎麥」，包括「南千住砂場」、「室町砂場」、「巴町砂場」、「虎ノ門大阪屋砂場」。我曾經覺得，現在每家蕎麥麵店都一定會有的「天ざる」，即「天婦羅＋ざるそば」，實在是太速配了！因為單吃蕎麥涼麵，會覺得太素，搭配剛炸好的天婦羅，一冷一熱，一清爽一油膩，彼此相互調和，實在是絕妙！後來聽說這種吃法是一九五五年由室町砂場所開發出來的菜單，更增添對「砂場蕎麥」的好感。

不過，我選擇試吃的是「虎ノ門大阪屋砂場」，主因在於它的建築物，非常有味道。

「虎ノ門大阪屋砂場」創業於明治五年（1872年），由於虎ノ門位於東京傳統的政治中心，據說著名的「幕末三舟」（勝海舟、山岡鐵舟、高橋泥舟）、

1 │ 2 │ 3

❶ 一般蕎麥屋只有炸蝦天婦羅，
　虎ノ門砂場則有穴子天婦羅。
❷ 虎ノ門砂場的蕎麥麵，是不加
　麵粉的十割蕎麥。
❸ 蕎麥屋通常都會有一些酒肴，
　讓客人可以喝酒吃菜。

指揮偷襲珍珠港的海軍大將山本五十六、前首相田中角榮，都曾經是「虎ノ門
大阪屋砂場」的座上客，更難能可貴的是，現在這棟建築物，是大正十二年
（1923年）所建，在歷經關東大地震、東京大空襲之後，虎ノ門一帶多是現代
化的辦公大樓，這棟古色古香的建築物安靜地佇立於此，彷彿與世隔絕，一腳
踏進，便步入了戰前時代的日本。

　　我在晚上來此用餐，明顯感受到這裡的客人與其他蕎麥屋不同；大多都是
西裝筆挺的菁英階級，也因此，「虎ノ門大阪屋砂場」的酒肴很豐富，既然酒
肴多，我就點些來試試，因此點了玉子燒與燒鳥，這裡的天せいろ（天婦羅＋
蒸籠冷蕎麥麵）的炸物選擇也比較多，所以我選了一般蕎麥屋較少出現的「穴
子せいろ」，一整條穴子魚切成兩塊，兩個人吃剛剛好。最令我欣賞的是燒
鳥，三串燒鳥一上來，炙烤的香氣非常誘人，立刻被吃個精光。

　　吃了一輪「更科、藪、砂場」，益發覺得蕎麥麵實在太深奧，這次吃的三
家，都是屬於十割蕎麥，沒有摻加麵粉，所以吃起來的口感都很類似，看來，
我還得再多吃幾家，才能窺得蕎麥麵的堂奧吧！

虎ノ門大阪屋砂場

✉　東京都港區虎ノ門1-10-6，地下
　　鐵虎門站1號出口步行3分鐘
🕐　11:00～20:00，
　　週六11:00～15:00，
　　週日、祝日休

◆ 蕎麥麵名詞解釋 ◆

每次進到蕎麥麵店，總是被各種琳琅滿目的そば搞到頭昏，以下是常見的蕎麥麵中日文名詞解釋：

❖ **もりそば（morisoba）**：蒸籠蕎麥涼麵，要沾著醬汁（つゆ）吃，麵條放在蒸籠（せいろ seiro）上。以前蕎麥麵是用蒸的，蒸籠的底部較高，日文中將某物抬高稱為もり（mori），所以稱作「もりそば」，後來也有人稱作「せいろそば」。

❖ **ざるそば（zarusoba）**：笊籬蕎麥麵，是用竹篩盛裝的蕎麥涼麵，與もりそば一樣，只是盛裝的容器不同。

　　基本上，もりそば、せいろそば、ざるそば，這些不同的名詞都是沾醬汁吃的蕎麥涼麵，可別被這些名稱給迷惑了！如果在涼麵之外再附加一份炸蝦天婦羅，則稱為「天ざる」或「天せいろ」。

❖ **田舍そば**：混入蕎麥殼做成的蕎麥麵，通常顏色較深，吃得出顆粒，因其粗獷樸實的外觀，故稱「田舍そば」。

❖ **掛けそば（かけそば kakesoba）**：蕎麥熱湯麵，因秋冬寒冷不適合吃冷湯麵，所以就把醬汁加熱變成熱湯，現在的蕎麥湯麵都是熱湯麵。

| 1 | 2 |

❶ せいろそば，蒸籠蕎麥麵。
❷ ざるそば，笊籬蕎麥麵。

天然野生鰻具有強烈的香氣。

04

野田岩

天然野生鰻的震撼

胖狗評鑑

美味度 ★★★★★
環境舒適度 ★★★★

在江戶美食四天王（鰻魚飯、天婦羅、握壽司、蕎麥麵）中，鰻魚飯，似乎有一種特殊的地位。

從德川家康在江戶築城大興土木開始，日本各地湧進的能工巧匠與商販，讓江戶城成為一個快速興起的工商業城市，在女子相對稀少的環境下形成外食的風氣，當時江戶城前的沼澤與河川很容易捕到鰻魚，脂肪肥美的鰻魚深受工人們喜愛，因此許多人

在街邊擺攤烤鰻魚，相對於握壽司等興起的時間較晚，烤鰻魚可以說是在江戶初期，就已是廣為流行的庶民美食。

蒲燒鰻的由來

當時的烤鰻魚，不像現在是把鰻魚剖開，而是簡單切成大塊的筒狀，抹上用醬油、味醂調成的醬汁後，便用竹籤串起在炭火上烤，那一串串的烤鰻串，狀似水邊的香蒲，所以就稱為「蒲燒」，現在將鰻魚剖開、去骨，才淋上醬汁燒烤的蒲燒鰻，約莫是江戶後期才出現的料理方法。

把蒲燒鰻放在白飯上成為鰻丼，相傳是出自於江戶後期的水戶藩鄉士大久保今助；有一回他坐船返鄉，上船前在渡船頭的茶屋買了烤鰻後，又買了碗白飯，隨手便把蒲燒鰻放在飯碗內並蓋上碗蓋，行船途中，他打開碗蓋要吃時，發現蒲燒鰻經過白飯的熱氣悶蒸後，不但變得柔軟，而且鰻魚醬汁滴落在白飯上，把白飯變得更好吃，大久保今助回來後不但向茶屋介紹這種吃法，也在自己經營的劇場販售「鰻丼」，從此加了白飯的「鰻丼」，便成為吃鰻魚的主要型態。

很多人去吃鰻魚飯，在菜單上看到「鰻重」與「鰻丼」，往往搞不清楚其中的差別；從外表上看，「鰻重」是把鰻魚飯放在方形的漆器內，感覺比較高雅；而「鰻丼」則是把鰻魚飯放在蓋碗內，感覺比較樸實，但令人不解的是，

| 1 | 2 | 3 |

❶ 野田岩銀座店與次郎壽司比鄰而居。
❷ 野田岩本店是一棟從飛驒高山搬移而來的建築。
❸ 鰻魚茶泡飯可隨喜好加入柚子皮、海苔、蔥花

同樣都是鰻魚飯，只因為食器的差別，為什麼「鰻重」的價格，就要比「鰻丼」貴？

其實一尾鰻魚通常被分成三段，靠近頭、尾的部分，肉薄窄小刺也多，中段則肉厚幅度較寬，「鰻重」用的通常是中段的部位，這才是「鰻重」價格比較高的原因，至於頭、尾部分，則通常用來做「丼」；不過，在鰻魚價格日漸走高的今天，一碗鰻魚飯中，鰻魚的大小、多寡，才是決定價格關鍵。

另一個影響鰻魚飯價格的因素，是野生鰻與養殖鰻的差別。

我曾經在「野田岩」銀座店，吃到生平第一次的天然野生鰻魚，那滋味，除了「震撼」兩個字，實在不知道該如何來形容！

在天然野生鰻數量銳減的今天，幾乎所有的鰻魚專賣店，都是靠養殖鰻支撐著貨源，養殖鰻的價格已居高不下，即使有少數店家願意提供天然野生鰻，但就算是事先預訂，還得碰運氣，並不是天天都有貨。

江戶時代創業的百年鰻魚老鋪「野田岩」，傳承至金本兼次郎已是第五代，二〇〇七年獲選為日本「現代名匠」的金本兼次郎，是江戶前料理的代表性人物，九十歲的高齡每天仍在第一線守護著老鋪的招牌；現在的「野田岩」當然也必須靠養殖鰻才有辦法應付每天慕名而來的客人，但它是東京極少數有機會可以吃到天然野生鰻魚的店，如果不是金本兼次郎不論價格，堅持「只要有天然鰻，野田岩都進貨」的氣魄，恐怕天然野生鰻的滋味，就要被世人遺忘了。

野生鰻魚的天然香氣

「野田岩」本店在可以看到東京鐵塔的東麻布，這棟特地從飛驒高山移築過來的民宅，是如此地風情萬種，許多客人想吃「野田岩」，首選必是本店，也正因此，本店極難訂位，有一回去東京，訂不到本店的位子，退而求其次來到與次郎壽司比鄰而居的銀座店，還沒踏進門口，就看到門前貼了一張告示，「本日有天然鰻」！

當下難掩興奮的心情，立刻走進店內詢問了價錢，英文流利的服務人員說：「六千五百日圓！」雖然比養殖鰻貴，我還是毫不猶豫地點了下去，服務人員經驗很豐富，仔細詢問我要做成什麼樣的吃法？比起不刷醬汁的白燒，我更喜歡有醬汁的蒲燒，就決定以最「正常」的蒲燒鰻重，來試味道。

就在我點完餐之後，服務人員立刻把門口那張「本日有天然鰻」的告示撕了下來，因為那是店內唯一的一份天然鰻，可憐的老公就只能吃養殖鰻，如此一來，剛好可以比較天然鰻與養殖鰻的差異，但我幫他點的是「野田岩風まぶし御膳」，是可以隨喜好加入柚子皮、海苔、蔥花的鰻魚茶泡飯，以變換口味。

當我一看到天然鰻重的兩大塊鰻魚幾乎把重箱內的白飯給遮住了，便在心裡想：「如果是這樣的分量，就算是養殖鰻也要四、五千日圓吧？」頓時覺得，天然鰻的價格並沒有想像中的貴，吃進第一口，更驚呼：「這六千五百日圓，實在花得太值得了！」

我從來沒有想到，鰻魚居然會有一股香味！正常來說，鰻魚的魚皮應該有股腥味，「烤」正好可去掉魚皮的腥氣，但令人意外的是，天然鰻的香氣是如此強烈，也或許是「野田岩」的醬汁屬於「清爽系」，味道並不濃重，所以把這股香味表現得更突出。

江戶前的驕傲

「野田岩」的鰻魚飯，讓我真正意識到，為什麼江戶仔對於「江戶前」鰻魚，是那麼地自豪；正因為江戶前鰻魚的油脂，比其他地方的鰻魚更豐富，所

以關東地區的烤鰻魚，要比關西多了一道「蒸」的手續，「蒸」可以去除多餘的油脂，還讓鰻魚吃起來還更鬆軟，相對於關西烤鰻只有燒烤的酥脆焦香，我更喜歡關東這種柔軟的口感。

其實在「野田岩」，就算吃的不是天然鰻，也非常值得造訪，因為這裡的烤鰻魚簡直像藝術品，屬於關東風的「野田岩」，烤出來的鰻魚真漂亮，也是我吃過最柔軟的鰻魚！很難想像，這麼柔軟的鰻魚在烤的時候，竹籤究竟要怎麼串才不會把它弄破？難怪自古鰻魚料理就流傳著「剖魚三年、串魚八年、燒烤一生」的名言。

1	
2	3

❶ 「野田岩風まぶし御膳」鰻魚分量明顯較少，價格也較便宜。

❷ 鰻魚飯搭配的湯通常都是鰻肝清湯。

❸ 野田岩的筷架也是鰻魚造型。

野田岩

🖑 http://www.nodaiwa.co.jp/index2.html

本店

✉ 東京都港區東麻布1-5-4，地下鐵大江戶線赤羽橋站步行5分鐘

☎ 03-3583-7852，二位以上始可預約，若只有二位，需至本店旁的別館

🕐 11:00～13:30，17:00～20:00，週日休、夏季休、年末年始休

銀座店

✉ 東京都中央區銀座4丁目2-15塚本素山ビル地下1樓，地下鐵丸之內線、日比谷線銀座站C6出口即達

☎ 03-3871-2521

🕐 11:00～14:00，17:00～20:00，週日休、夏季休、年末年始休

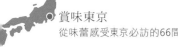

05

割烹みや古

鬼平犯科帳的深川飯

胖狗評鑑

美　味　度　★★★★
環境舒適度　★★★★

在和洋混雜的東京餐飲世界中，你有想過，什麼是屬於東京的鄉土料理呢？

為了向觀光客推廣日本的鄉土美食，二〇〇七年日本農林水產省在全國各道、都、府、廳，徵求當地民眾網路投票選出七十六道代表當地的鄉土料理，二十三道御當地人氣料理，組成「鄉土料理100選」（最後一道保留給「你心目中懷念的那一道鄉土料理」），東京都票選出來的二道鄉土料理，分別是「深川飯」與「臭魚

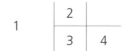

	2	
1	3	4

❶ 「割烹みや古」原本以天婦羅起家,後以改良版的深川飯聞名。
❷ 「割烹みや古」的外觀很有料亭風。
❸ 寬闊的大廣間,好像回到江戶時代。
❹ 由中村吉右衛門主演的《鬼平犯科帳》在此舉行製作發表會。

乾」,御當地人氣料理則是「文字燒」。

在地鐵大江戶線「門前仲町」到「清澄白河」這一帶,江戶時代被稱為「深川浦」,隅田川河口的沙洲地形,讓這裡盛產文蛤、海瓜子、干貝等貝類,深川飯(深川めし)即是江戶時代源於此處的一道漁夫料理。

雖然被選為東京都代表性的鄉土料理,但奇怪的是,深川飯似乎不像天婦羅、握壽司那樣在東京隨處可見,想吃一碗深川飯,得特地到深川地區才會看到許多賣深川丼的餐廳,也因此,當地店家甚至合組「深川飯振興協議會」來推廣深川飯。

根據「深川飯振興協議會」的考證,深川飯源自於江戶時代的漁夫在船上為了解決伙食,以海水加淡水稀釋煮沸後,放進蛤蜊、蔥、油豆腐等食材煮成雜燴,澆在白飯上一起吃的燴飯(ぶっかけめし),後來這種燴飯也加入味噌或醬油來調味,在深川地區廣為流行;由於蛤蜊、海瓜子價格便宜,因此婆婆

深川飯定食用圓形蒸籠的食器，看起來很風雅。

媽媽們也會把它拿來煮成什錦蒸飯（炊き込みご飯）；因此現今的深川飯，就出現了燴飯與炊飯兩種型態，但共同的特徵是，以文蛤或海瓜子這些較低價的貝類為主料。

　　距離江東區芭蕉紀念館約二百公尺的「割烹みや古」，從清澄白河車站步行要七、八分鐘，大正十三年（1924年）創業的「割烹みや古」，單單從外觀看，就覺得很有氣勢；純日式的門庭，是老鋪才有的風格，進去之後寬敞的榻榻米大廣間，讓人有一種回到江戶時代的感覺。

　　另一個讓我選擇「割烹みや古」的理由，是我聽說日本作家池波正太郎的小說《鬼平犯科帳》拍成電視劇時，製作發表會的地點，就選在這裡。

　　眾所周知，池波正太郎不但是個小說家，也是個美食家，《鬼平犯科帳》是他最著名的小說之一，內容描述江戶末期幕府的特別警察長谷川平藏辦案的故事，可以說是江戶時期的刑事推理物語；有趣的是，喜歡美食的池波正太郎在這部小說中，描述了許多江戶時代出現的料理，例如軍雞鍋、煮鰈魚、鯉魚生魚片……等等，深川飯自然也是其中之一，日本甚至出現各種「鬼平風料理」的食譜、餐廳，尤有甚者，還有電視台製作「池波正太郎的江戶料理帳」這樣的料理節目。

雖然「割烹みや古」也有刺身、穴子玉子燒之類的單點菜色，但我是來吃深川飯的，所以就點了最簡單的深川飯定食（深川飯、味噌湯、漬物、先付）；趁著等待的時刻，我打量了一下牆上掛的照片，原來「割烹みや古」曾經上了許多料理節目示範深川飯的作法，顯然對推廣深川飯不遺餘力。

啊！終於看到那張「鬼平犯科帳」製作發表會的照片了！照片中的人物，正是飾演主角長谷川平藏的知名歌舞伎演員、也是被列為人間國寶的中村吉右衛門（二代目），如果喜歡時代劇的人，想必對他並不陌生。

就在肚子已經咕嚕咕嚕叫的時候，我的深川飯終於上來了！盛裝在圓形蒸籠裡的深川飯，看起來十分風雅，掀開蓋，上面還撒了切碎的青紫蘇葉，多了一份香氣，這顯然又是一種改良傳統深川飯的作法，而且海瓜子的分量還不少哩！

海瓜子是最佳主角

其實我在家裡常常做蛤蜊炊飯，所以忍不住拿這深川飯與蛤蜊炊飯作比較，發現海瓜子的鮮味雖然沒有蛤蜊強烈，但是拿來做炊飯似乎更適宜；因為做這類炊飯必須先把貝類煮開，取其肉、留其汁液，把汁液當作高湯，混合醬油、味醂與飯同蒸，米飯才會吸收貝汁的鮮味，等到飯煮好了，才把貝肉與米飯混合在一起，成為深川飯。

正因為蛤蜊汁比海瓜子汁更鮮，煮出來的米飯味道比較強烈，直衝出來的鮮味似乎少了點風雅，加上蛤蜊肉軟嫩，海瓜子肉Q彈，與軟糯的米飯同吃時，海瓜子肉就顯得比較有口感；由於飯中還加了油豆皮、竹筍，加上青紫蘇的香氣，讓它在海潮的鮮味之外，仍然保有炊飯清淡含蓄的特色。

從「割烹みや古」出來，我暗下決心，回到台灣，也要用海瓜子來做屬於我的「深川飯」！

割烹みや古

⊠ 東京都江東區常盤2-7-1，新宿線、大江戶線森下站A7出口步行5分鐘

☎ 03-3871-2521

⏱ 11:30～14:00，16:30～20:00，週一休

⑤ 深川飯定食（深川めしセット）1,500日圓

06

築地市場

魚河岸不藏私推薦美味
——龍壽司、高橋、
愛養咖啡、虎杖

胖狗評鑑

美味度 ★★★★
環境舒適度 ★★★

原本計畫在二〇一六年年底搬遷至豐洲的築地市場，已確定延期。這個全球首屈一指的漁獲市場，搬遷的歷史並非第一遭；舊名「魚河岸」的築地，在江戶時代是位於日本橋，一直到一九三五年才遷至築地；因此至今老一輩的魚販、商家，還是喜歡稱築地市場為「魚河岸」。

現在的築地市場分成兩個部分，一個是批發生鮮食品給業者的「場內市場」，另一個是鄰接場內市場的商店街，即「場外市場」。

```
    1    2
             3
```

❶ 築地漁港市場是因應築地搬遷，在場外市場新建的設施。
❷ 築地市場隨處都有CP值高的海鮮丼。
❸ 場外市場是商店街，即使場內市場公休，場外照常營業。

　　一般認知的築地市場，是指「場內市場」；著名的鮪魚拍賣競標，就是在「場內市場」的範疇；場內市場有塊名為「魚河岸橫丁」（魚がし橫丁）的區域，是幾棟成排的建築，這裡有一些餐廳、咖啡館，原本是市場員工的餐飲區；想想看，這些餐廳能夠滿足市場裡個個行家挑剔的味蕾，非但價廉更是物美，這些餐廳的營業日與市場相同，所以只要是非公休日，狹小的餐廳門口總是吸引著大批觀光客，至於場外市場的餐廳，並沒有與場內市場連動公休，大部分的餐廳不但全年無休，而且晚上仍然營業者也所在多有。

　　計畫中搬遷至豐洲的只有「場內市場」，至於「場外市場」雖留在原址，但也重新規畫改建了一些新設施；例如於二〇一六年底新開幕，集合了大小不同美食餐廳的「築地魚河岸」，或是販售生鮮水產的「築地にっぽん漁港市場」；換句話說，留在原地的「場外市場」還是有不少美食等待著觀光客。

1	2
3	
4	5

❶ 「大和壽司」的關鍵性魚料品質不錯。

❷ 排到紅色的郵筒，代表還要三小時才能吃到「壽司大」。

❸ 「壽司大」的師傅待客親切，還會配合拍照。

❹ 「壽司大」的醋飯較多，偶爾魚料切得太薄會稍嫌不平衡。

❺ 「壽司大」的螢烏賊軍艦非常美味。

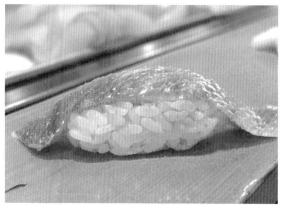

排隊名店比一比：大和壽司 vs. 壽司大

　　場內市場排名第一的「壽司大」與第二名的「大和壽司」，現在至少得排三小時以上才能吃到，一般來說，擁有兩間店面二十個座位的「大和壽司」，排隊速度會比只有十個位子的「壽司大」快，常常聽人問起，究竟「大和壽司」與「壽司大」哪一家比較好吃？在本書付梓之前，我又再一次來到築地市場，冒著腿痠腳麻的痛苦，認真地做了一次比較。

　　場內市場通常在週日與週三公休，但是每個月偶有一、二個週三，場內市場是正常營業，這一天的人潮會比其他營業日來得少，或許「大和壽司」與「壽司大」的差異，可以從這一天來觀察。

　　這天是難得的週三營業日，我在上午七點來到「大和壽司」，門前不到十個人，我只等了十分鐘，就可以入內用餐；至於「壽司大」的人潮雖然比平常少，但仍然彎過了人行道，排到了紅色的郵筒，根據「壽司大」的工作人員說，如果排到紅色郵筒的位置，相當於要排三小時。

　　過了幾天，正值黃金週假期開始，我早上五點鐘來到場內市場，「大和壽司」大概排了五、六十人，但「壽司大」已經排了八十多個人，為了一定要吃到「壽司大」，我足足等了六個半小時，到了十一點半才入內，因為「壽司大」實在太難排了，每個等到位子的人，在吃完一份主廚推薦套餐之後，幾乎都會加點，自然延長了用餐的時間。

　　「大和壽司」是七貫加一條海苔卷、玉子燒、味噌湯，售價三八五〇日圓；「壽司大」是十貫加一條海苔卷、玉子燒、味噌湯，售價四千日圓，而且最後一貫可以自己選擇要吃什麼，因此以價格論，「壽司大」勝出「大和」，而且「大和」的分量太少，如果沒有加點，吃完後會有些意猶未盡的空虛。

　　若論關鍵性的魚料，例如鮪魚大腹、中腹、海膽、穴子等，兩家的進貨品質堪稱市場內數一數二，不像有些店家的鮪魚大腹常留有筋膜，或是海膽有異味，或許是這兩家壽司店高人氣的關鍵；若以季節性的魚料來說，「壽司大」部分魚料的進貨品質與處理手法，就有些差強人意。

　　「壽司大」的醋飯比較多，少數幾貫因魚料切得太薄，影響了整體的平衡

感，這一點，「大和」的表現就比較出色；但以服務態度與店裡氣氛而論，由於兩家店的客人都是觀光客，幾乎不可能有熟客，「壽司大」居然可以做到把觀光客當熟客對待，甚至以中文解釋魚料，這一點場內市場幾乎無店可比。

但這兩家壽司店，有好吃到得花上三、四個小時排隊嗎？坦白說，如果不是為了寫這本書，給讀者一個交代，我根本不會願意花六個半小時去排「壽司大」，對我而言，寧可多花幾百日圓，也不想排那麼久的隊。

龍壽司（場內市場）：松下幸之助最愛的星鰻壽司

如果不想排隊排得天荒地老，築地市場好吃的壽司店其實還有其他選擇；在吃過場內市場的「壽司大」、「大和」、「鮨文」、「岩佐壽司」等著名的壽司店後，我最推薦的是「龍壽司」。

位於一號館的「龍壽司」，與人馬雜沓的六號館、八號館有點距離，所以不必排隊是它最大的優勢，即使運氣不好碰巧要排隊，也不會太久；因此「龍壽司」的主要客源還是以日本人為主。

當初之所以會吃「龍壽司」，主要是看了築地通小關敦之寫的《築地美食王》，書中提到他們的明蝦與赤貝，品質好、尺寸大，在競爭激烈的築地市場中獨占鰲頭，更重要的是，這裡的星鰻握壽司，是已故的日本經營之神松下幸之助的最愛，松下幸之助每次從大阪到東京出差，還會叫部屬去買「龍壽司」的星鰻壽司給他吃呢！

能夠受到經營之神的青睞，這裡的壽司必然不凡。我幫老公點了有明蝦的おまかせ，自己決定單點，但師傅一聽我要單點，立刻勸說：「單點要點五貫以上喔！點套餐比較划算呢！」因為還想去其他店吃東西，所以我決定吃五貫就好。

俗話說，握壽司要好吃，醋飯至少占六成以上，在市場吃握壽司，不怕魚料的鮮度、品質不好，最怕的就是醋飯亂煮一通，「龍壽司」的醋飯使用的紅醋與鹽，沒有太酸，更重要的是它的溫度，微溫不涼，而且捏製的鬆緊度也不錯。

1	2
3	4
5	

❶ 位於場內市場一號館的「龍壽司」，客人以日本人為主。

❷ 「龍壽司」先把各種魚料處理好，才開始捏壽司。

❸ 「龍壽司」的明蝦尺寸碩大，甜度也保持得很好。

❹ 「龍壽司」的魚料品質佳，赤貝、金目鯛都很好吃。

❺ 日本經營之神松下幸之助最愛的星鰻壽司。

龍壽司

✉ 場內市場1號館

🕐 6:30～14:00，週日休、
國定假日休、市場休市日休

💲 蘭3,500日圓（7貫加1卷海苔
卷），主廚推薦4,300日圓（9貫）

1	2
3	4
	5

❶ 小小的牌子寫著「高橋」著名的煮魚四天王。
❷ 「高橋」的牆上掛著當日進貨的魚種，價格一目了然。
❸ 「高橋」的燉煮小菜雖是配角，卻非常好吃。
❹ 時鮭下巴，邊緣烤得有點焦。
❺ 喜知次煮付真是人間美味，魚肉嫩得像豆腐。

高橋（高はし）

✉ 場內市場8號館

🕐 8:00～13:00、週日休、
國定假日休、市場休市日休

💲 煮魚四天王價格不一，一本釣喜
知次4,500日圓，時鮭下巴2,000
日圓，時鮭魚尾1,000日圓，飯與
味噌湯300日圓

「龍壽司」的明蝦不但尺寸大，而且肉質緊實，不會水水的，所以甜度仍在，連著處理好的蝦頭一起上來，還能吃到蝦腦的濃郁；但最令我難以忘懷的還是星鰻，鬆軟的口感簡直像棉花！由於星鰻本身燉煮時沒有調味，因此淋上的醬汁特別濃郁，吃完了還意猶未盡，難怪會得到松下幸之助的青睞。

高橋（場內市場）：行家必吃的煮魚四天王

築地市場當然不止壽司好吃，場內市場的「高橋」（高はし），是嗜魚饕客的祕密基地，這裡的魚貨品質一流，特別是煮魚，真是人間美味。

「高橋」最著名的是「煮魚四天王」，即喜知次（きんき）、黑喉（のどくろ）、鰈魚（なめたがれい）、珊瑚目拔（めぬき），這四種魚在日本都是屬於高級魚，價格本來就偏高，而且不一定有貨，所以能否吃到煮魚四天王，得視當日的進貨狀況。

造訪當天，剛好有煮魚四天王之一的喜知次，而且是一本釣，意即漁夫不撒網捕撈，以釣魚的方法一尾一尾釣起，如此一來，可避免魚群擠在漁網內相互碰撞破壞魚身，即使紅燒喜知次（きんき煮付）要價四千多日圓，我還是毫不猶豫地點下去，畢竟一本釣的喜知次是難得一見的逸品。

另一份打算點烤魚，看到牆上掛著「時鮭」，「時鮭」又稱「時不知鮭」，因為一般鮭魚是秋天才洄游至北海道產卵、死亡，但這種鮭魚卻在春夏交替時即洄游至北海道或三陸海域，因為搞錯了時間，所以就被叫做「時不知鮭」；我曾在北海道吃過時鮭握壽司，那一次吃到的時鮭握壽司實在太美好，魚肉細、油脂清，更令人訝異的是，入口竟然還有一股香味，著實令人難忘。

「高橋」的時鮭烤魚有二個部位，下巴（カマ）與尾巴（シモ），下巴與魚尾是魚運動最多、肉質最緊實細嫩的部位，魚尾吃的是細緻的魚肉，下巴卻可以像拆解機器的零件一樣，嚐到魚骨裡裡外外不同的滋味，難怪一樣都是時鮭，烤下巴二千日圓，烤尾巴只要一千日圓。

不管是煮魚或烤魚，「高橋」都是等客人下單後才開始處理，所以會先上一碟小菜，是燉煮蘿蔔絲與馬鈴薯，這蘿蔔絲與馬鈴薯煮得都很入味，差點就奪了主角的光采，好吃到還想再來一盤。

| 1 | 2 | 3 | 4 |

❶ 充滿昭和氣息的「愛養」
　咖啡，老闆也很溫柔。
❷ 「愛養」的烤吐司一半塗
　果醬，一半塗奶油。
❸ 「愛養」的咖啡並非現
　煮，而是裝在大銀色壺中
　隨時加熱。
❹ 白瓷咖啡杯上印有「愛
　養」的英文AIYO。

　　一整尾紅燒喜知次端上來，隨便夾一筷子入口，天啊！這魚肉怎麼嫩得像豆腐！吃懷石料理時也吃過好幾次喜知次，但一直沒什麼特殊印象，直到這次在「高橋」，才真正了解到為什麼日本人會把喜知次視為高級魚種，價格硬是比其他魚高出許多，加上甜鹹適中的紅燒醬汁，下飯正好。

　　另一份滿心期待的烤時鮭下巴，反而沒有在北海道吃時鮭握壽司時的驚豔感，或許是作法不同，烤魚比較吃不出時鮭與眾不同之處，而且「高橋」烤魚喜歡把魚邊烤得焦香酥脆，但我喜歡保持魚肉水分的烤法，所以覺得有點烤得太過了。

愛養（場內市場）：超完美比例的牛奶咖啡

　　從「魚河岸」時代就已經開業的「愛養」，已傳承過百年，小小的咖啡店洋溢著昭和時代的老鋪氣息，雖然「愛養」就在觀光客最多的六號館（因為「大和」與「壽司大」都在這一排），但是不少在築地市場內工作的人，還是常常忙裡偷閒來這裡喝一杯咖啡，在這裡，時光彷彿停格在百年前，店裡的氣氛，永遠家常而悠閒。

　　「愛養」只賣咖啡、果汁、烤吐司與水煮蛋，咖啡裝在銀色的大筒子，底下還有爐火不斷地加熱，如果點的是熱咖啡，白色的瓷杯上還印有「愛養」的英文AIYO，如果點的是熱牛奶咖啡，牛奶會先用小鍋加熱後才倒進裝了咖啡的玻璃杯中，所以熱牛奶咖啡非常燙，但比例調得非常好。

愛養咖啡

✉ 場內市場6號館
🕐 3:30～12:30

　　這裡的烤吐司並沒有特別厚，但是一半塗奶油、一半塗果醬的作法，卻讓人覺得很懷念，「愛養」的一切都很素樸家常，連老闆的笑容都讓人覺得很溫暖。

　　我一連兩天跑來「愛養」喝牛奶咖啡，最後忍不住問這裡牛奶咖啡的調製方法，小姐告訴我，牛奶約占百分之三十，與咖啡分開加熱後再混合，「非常簡單呢！你也可以自己做。」回到台北後，我按照此法沖了杯牛奶咖啡，啊！果然是超完美比例的牛奶咖啡。

虎杖（場外市場）：一碗海膽蓋飯三種吃法

　　在場外市場閒逛，每隔幾步路，就可以看到「虎杖」的招牌，「虎杖」在場外市場有好幾家分店，喜歡吃海膽的人，來到「虎杖」，一次可以吃到好幾種不同產地的海膽。

　　細究起來，日本從九州到北海道，都有海膽出產，以品種而分，就有馬糞海膽、蝦夷馬糞海膽、紫海膽、北紫海膽、赤海膽。蝦夷馬糞海膽甜度高，味道清爽；北紫海膽濃郁，帶點微苦，我雖然愛吃海膽，但是認識海膽的功力，也僅限於上述兩種，其實不只日本產海膽，俄羅斯、中國大陸、朝鮮半島、加拿大、北美地區，這些北方國家也都產海膽，海域不同、吃的生物不同，自然造就海膽不同的風味。

　　想要比較海膽不同的風味，可以選擇一碗五種海膽的うに丼，但是一看到

價格，含稅價要六千四百五十八日圓！立刻打消了念頭，改點這裡最有人氣的「元祖海鮮散壽司三吃」（元祖ひつまぶし）。

　　混入十二種魚貝類的元祖海鮮飯，三種吃法分別是：第一吃，直接吃海鮮丼；第二吃，把海膽攪散拌入飯中，讓白色的米粒完整塗上海膽的黃；第三種，是倒入高湯的茶泡飯吃法；考慮到要把海膽拌飯，所以海膽不能太少，因此我選了比較貴的海膽加量版的散壽司，一吃，立刻慶幸自己的選擇無誤！因為三種吃法中，就以把海膽拌飯的吃法最好吃！

　　另一份想來點不一樣的口味，點了「濃厚うに丼」，這是「虎杖」的創意料理，周圍注入以蛋黃、鮮奶油、昆布高湯做的醬汁，白飯上面放著海膽、鮭魚卵、山葵，不但華麗，而且奶油醬汁與海膽意外搭配，在豪邁粗獷的築地市場裡，居然有這樣一道充滿法式風情的丼飯，實在很有趣。

1 | 2

❶ 虎杖的元祖海鮮飯曾被《黃金傳說》
　選為東京蓋飯的第三名。
❷ 濃厚海膽丼頗有法式料理的fu。

築地虎杖

🖱 http://www.itadori.co.jp/index.
　html
🕐 各家營業時間不一，無休
💲 元祖海鮮飯三吃2,380日圓，海膽
　加量版2,880日圓，濃厚海膽丼
　2,380日圓

5

總理的飲食

政客經常出入的隱密料亭、五星級大飯店，
相關的資料雖然很多，但讓我有興趣去嘗試的，
都不是這些「應酬型」的餐館，
畢竟首相吃大餐，一點也不奇怪，
但與首相淵源深厚的小餐館，
反而更加有趣。

日本《朝日新聞》曾經出版一本有趣的書,《總理的飲食──在政局變動的時候,領導人吃了什麼?》,累積了朝日新聞政治部多位記者的採訪所得,記錄了從昭和後期的田中角榮、中曾根康弘,到平成時代的小泉純一郎、安倍晉三等十四位首相的飲食。

這本書的出版,除了滿足人們窺探總理生活的好奇心之外,因為取材的角度是像「中日建交」、「四十日抗爭」、「消費稅導入」、「郵政解散」等重大政治事件發生時,首相們吃了什麼食物,就像織田信長每次打仗前必先吃一碗湯飯,頗有「勝負飯」的意味,某種角度而言,可以說是一本「食物的政治史」。

見多識廣的首相愛吃的料理,美味程度應該不在話下,讓我決定在本書中增加「總理的飲食」這個單元,當然,之所以選擇總理而非天皇,是因為總理愛吃的料理,資料較容易尋找,而且天皇飲食主要由宮內廳負責,身為外國觀光客,實在不太容易吃得到。

當然,近期首相飲食中,最出名的便是日本首相安倍晉三請美國總統歐

巴馬所吃的壽司之神小野次郎的壽司。根據日本媒體報導，歐巴馬當晚面對
「神」級的壽司並沒有吃完，某種程度反應出在應酬時，主、客的心思都不在
美食上，即便端上來的是山珍海味，吃過之後也常常沒什麼印象，甚至連吃都
沒吃的情形也經常發生。

　　因此政客經常出入的隱密料亭、五星級大飯店，相關的資料雖然很多，但
讓我有興趣的，都不是這些「應酬型」的餐館，反而是一些容易親近的居酒
屋、小酒館，令我更有興趣去嘗試，畢竟首相吃大餐，一點也不奇怪，但與首
相淵源深厚的小餐館，反而更加有趣。

　　這幾家餐館，包括明治時代的總理山縣有朋御廚出來開的洋食屋、首相夫
人安倍昭惠自己開的小酒館，甚至還有即使是安倍總理也常常訂不到位子的披
薩店、小泉首相招待小布希的居酒屋，以及小泉總理愛吃的煎餃；這些餐廳各
有各的特色，有些食物甚至不亞於名廚名店的料理，坦白說，這些餐館的美
味，即便不靠總理大人的加持，也都很值得造訪。

山縣有朋最愛的特製豬排丼。

01

小春軒

首相料理人的
特製豬排丼

胖狗評鑑

美　味　度　★★★☆
環境舒適度　★★★

　　人形町有所謂的「洋食御三家」，分別是「芳味亭」、「小春軒」、「キラク」，其中以「小春軒」資格最老，來頭也最為「顯赫」。

　　因為「小春軒」的初代店主小島種三郎，正是明治時代兩度出任日本首相的山縣有朋的御用廚師，小島種三郎與山縣有朋宅邸的女侍春子結婚，明治四十五年（1912年）夫妻兩

人在人形町胼手胝足地開起了「小春軒」洋食屋，剛好是夫妻兩人的名字各取一字。

出身於長州藩下級武的山縣有朋是倒幕維新的功臣，雖然他改革軍制，打造出日本現代化的軍隊，卻也是日本軍國主義的始作俑者，他一直占據中樞要津，即使在晚年，仍是日本政界最有權勢的元老。

在明治時期，西餐是個時髦的美食，但是在軍隊之中，洋食卻是軍隊的主要飲食，一來是因為肉類營養價值高，有益於傷兵恢復元氣；另一方面，以白米飯為主食的日本軍人，得到腳氣病的情況非常嚴重，許多軍人甚至因此而喪命，後來西醫對患者實施麵包食療，腳氣病竟然神奇地痊癒了！後來發現，原來腳氣病產生的原因是因為缺乏維生素B1所致。

奠定日本陸軍基礎的山縣有朋，長年的軍旅生涯自然比一般人更習慣西洋料理，家中廚師擅於洋食並不奇怪，頂著內閣首相料理人的光環，本以為「小春軒」是一家高檔華麗的西餐廳，來到人形町找到「小春軒」，卻發現不論裝潢、價格，都是非常大眾化的平民洋食館。

溫馨親切的家庭洋食館

負責在外場招呼客人的老婆婆，親切地讓人覺得就像去外婆家吃飯一樣，老婆婆看我仔細地閱讀掛在牆上的「小春軒」媒體報導，還特地拿出一本書，這本書蒐錄的都是東京在地與名人淵源極深的餐廳，老婆婆特地翻到「小春軒」那一頁向我介紹山縣有朋。老婆婆是小島種三郎第三代的妻子，並指著在廚房忙著做菜的兒子說：「他是第四代。」

我點了「小春軒」的招牌料理——特製豬排丼（カツ丼）；據說山縣有朋有一晚回到家裡已是深夜，肚子餓了想吃些東西，小島種三郎利用剩餘的食材幫他做了一碗豬排丼，沒想到這碗豬排丼從此成為山縣有朋最愛的料理。

但是後來因為戰爭物資缺乏，這個特製豬排丼很長的一段時間沒有出現在菜單上，等到第三代小島幹男接手「小春軒」之後，他憑著兒時祖父做給他吃的記憶，才重現了這道料理。

這特製豬排丼也真的很不一樣，白飯上一塊炸得香噴噴的炸豬排，還有一

顆半熟的荷包蛋，醬汁則以demi-glace醬為基底，添加了馬鈴薯丁、洋蔥丁、紅蘿蔔丁、青豆，如此多采的豬排丼，難怪讓總理大人一吃就愛上。

除了小春軒特製豬排丼，我還點了「特製盛合セ」，裡面有炸蝦、炸豬排、可樂餅、烤透抽、烤魚，還有馬鈴薯沙拉與野菜沙拉，再加上白飯，幾乎把所有想吃的東西都一網打盡。

「小春軒」料多實在，在這裡吃飯，就像是去外婆家吃飯那樣樸實親切，如果不是知道它的背景，還真難以想像，這竟是一間總理大人的料理人所開的家庭洋食館呢！

1	
2	3

❶「特製盛合セ」炸、烤物非常豐富。
❷ 到小春軒吃飯，就像去外婆家一樣樸素親切。
❸ 山縣有朋是日本橫跨軍政界的元老。

小春軒

- ✉ 東京都日本橋人形町1-7-9，人形町車站步行3分鐘
- ⏰ 11:00～14:00，17:00～20:00，週日休，週六不定休
- 💲 小春軒特製豬排丼1,300日圓、特製盛合セ1,400日圓

安倍昭惠的小酒館，隱密而低調。

02

UZU

首相夫人的
隱密小酒吧

胖狗評鑑

美 味 度	★★★★★
環境舒適度	★★★★

本首相安倍晉三的妻子安倍昭惠最近因為森永校園風暴成為媒體焦點。

事實上，就算沒有發生森永校園事件，安倍昭惠也是日本有史以來媒體關注度最高的首相夫人。她一頭短髮、個性外向活潑，不忌諱地開懷大笑的模樣，與傳統首相夫人的形象大相逕庭。

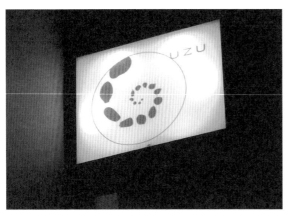

性格鮮明的安倍昭惠

安倍昭惠是日本最大的糖果公司森永集團的千金，不像過去的首相夫人只在陪同丈夫時才公開露面，她每天都有自己的活動，還與時俱進地寫部落格、發臉書，不但把首相家庭生活的另一面公開在群眾面前，在福島核災後，更公然與主張延續核能政策的老公唱反調，更進一步為女同志團體發聲。她不忌諱表達與先生不同政治主張的作風，讓安倍大歎：「太太是家中的反對黨！」

更有趣的是，安倍晉三滴酒不沾，昭惠卻是個酒國英雌，她不但常常幫丈夫擋酒，還在神田隱密的巷弄裡開了一家小酒吧「UZU」。就在安倍第二次出任首相不久，日本媒體拍到首相夫人在「UZU」端盤子，以老闆娘的身分在店門口送客的照片。一時之間輿論譁然，安倍一度勸老婆把「UZU」關掉，但是昭惠顯然有自己的想法。

「UZU」很隱密低調，現在已經毫不避諱地顯示這間小酒館與安倍的關係，工作人員不但大方地承認老闆就是安倍昭惠，店裡還公開擺出安倍夫婦的簽名、照片，顯然經過媒體喧騰之後，昭惠選擇正面出擊，她甚至出版書籍宣揚她為什麼要開「UZU」的理念。

UZU源自天鈿女命傳說

原來UZU（ウズ）是取名於日本神話中的女神「天鈿女命」（アメノウズ

| 1 | 2 | 3 | 4 |

❶ UZU 的 LOGO 象徵安倍昭惠希
　望能在這個時代掀起新的漩渦。
❷ 安倍昭惠推廣有機食材，還親自
　下田種稻。
❸ UZU 現在已大大方方展示安倍
　夫婦的簽名及書籍。
❹ UZU 陳設就像尋常百姓家簡單
　自然，完全沒有權貴氣息。

ㄨ）。根據《日本書記》的記載，素盞鳴尊來到高天原之後胡作非為，把他的姊姊天照大神嚇得躲入了天岩戶，使得世界變得一片黑暗，眾神為誘使天照大神出來，請天鈿女命出來跳舞。天照大神聽到外頭的喧鬧聲，忍不住好奇出來窺探，眾神便趁機把她拉出來，整個世界才重現光明，所以天鈿女命不但是日本舞蹈的起源，也是讓大地恢復光明的關鍵。

　　安倍昭惠將小酒館取名「UZU」，不但希望客人在此能夠享受歡樂的時光，更希望「UZU」能夠聚集人們、聚集情報，發出新的價值觀在這世界掀起新的漩渦，因此，「UZU」的招牌上，也以一個漩渦代表Logo。

　　「UZU」室內裝潢簡單輕鬆，所有食物均為有機、無農藥、無化肥的食材，酒，更是安倍昭惠精心所選，我注意到，酒單上二、三十款日本酒，清一色全來自安倍晉三的故鄉山口縣，足見首相夫人為夫婿經營家鄉的用心。

各種無添加自製料理

　　安倍昭惠愛看韓劇，是裴勇俊的粉絲，「UZU」的服務員也走花美男路線，但花美男英文不流利，特別把料理長武士雅子請出來與我們溝通。她一開始就詢問：「你們吃過飯了嗎？是要小酌一下，還是要吃飽？」原來首相夫人在山口縣下關市安岡地區有塊農田，安倍昭惠親自下田，完全不用農藥種稻米，使用「昭惠米」煮出來的白飯，只有在「UZU」才吃得到，而且還用土鍋炊煮，只可惜當時我已吃過晚飯，無緣品嚐「昭惠米」的美味。

不過，「UZU」為每位客人都會獻上的下酒小菜真是好吃！圓圓的一個小餅，咬下去，Q彈扎實，既有鮮味又很濃郁，我完全吃不出那是什麼。武士料理長說：「那是魚板，裡面包了乳酪！」

天啊！魚板與乳酪，大家都很熟，日本也有不少魚漿製品混合乳酪的零食，但是我沒想到，沒有任何人工添加物的魚板乳酪竟然如此美味，兩個加在一起，是我的味蕾中從未出現的印象。

「UZU」自家製的無添加シーセージ（香腸）也非常好吃，有原味、辣味、香草三種口味，我選了原味與辣味，端上來才發現是味道非常柔和的墨魚香腸，光從這二道下酒菜，已見識到料理的功夫非常講究。

武士雅子的英文非常好，她說她的英文老師是台灣人，一問之下才知道，原來她的英文老師是前國策顧問金美齡！害得政治記者出身的我，腦袋立刻反射性地聯想到台日兩地的政治關係，忘了自己正在享受美味的食物與日本酒。

不常喝酒的我，破例在「UZU」點了兩合清酒，一個是山口縣最著名的「獺祭」二割三，另一個是以「UZU」為名的純米大吟釀あきえのつぶやき；有趣的是，為了讓我了解「獺祭」二割三的精米程度，服務人員特地把獺祭各種酒的米粒拿給我看：未精米、精米程度50％、39％、23％，二割三便是精米程度只剩下23％的米心，也是其中價格最高者。

「獺祭」二割三的口感相當柔順溫和，相比之下，「UZU」あきえのつぶやき則在溫和中多了一點辛辣，個性比較明顯，兩種酒都很順口。

小酌之餘，我注意到店內有一塊「今日名言」的黑板，上面寫著德蕾莎修女的名言：「現在，有關窮人的談話成為一種流行，但可惜的是，人們不喜歡和窮人一起談話。」不知道是不是出身於豪門的安倍昭惠看多了權貴間的虛偽，因此對德蕾莎修女這句話格外有感觸？

1	2
3	4
5	

❶ 沒有任何化學添加物的魚板乳酪竟是這樣美味。

❷ 自家製的墨魚香腸，強調沒有任何化學添加物。

❸ 獺祭各種酒的精米米粒樣品。

❹ UZU 每天都有一句「今日名言」。

❺ 以 UZU 為名的純米大吟釀

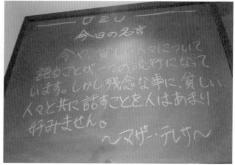

UZU

✉ 東京都千代田區內神田1-7-10，大手町站步行3分鐘，神田站步行5分鐘

🕐 17:00～23:00，週日及假日休

💲 UZU純米大吟釀あきえのつぶやき1合2,100日圓，獺祭二割三1合2,000日圓，自家製香腸250日圓，昭惠米飯（附味噌湯、漬物）980日圓

03

權八

小泉宴請小布希的
居酒屋

胖狗評鑑

美　味　度　★★★★
環境舒適度　★★★★★

　　二〇〇二年二月十八日，美國總統小布希訪問日本，日本政府本來已於當天晚上準備了國宴款待小布希，但小布希突然說：「我很想去日本的居酒屋呢！」當天晚上七點多，小布希已安坐在一間日本的居酒屋與小泉首相把酒言歡。

　　這間居酒屋，就是位於西麻布的「權八」。

　　我可以想像，那是一個怎樣雞飛狗跳的下午。為了滿足小布希「任性」的要求，首相辦公室的幕僚人員

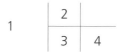

	2	
1	3	4

❶ 獨門獨棟的權八，易於安全維護。
❷ 小布希與小泉在權八居酒屋的合照。
❸ 玄關牆壁上掛著許多大明星造訪的照片。
❹ 一樓中心的燒烤區是視覺的焦點。

　　不知道死了多少細胞，才可以在一個下午的時間，找到一間能夠招待美國總統的居酒屋，等到實際走進了「權八」，我終於恍然大悟，為什麼「權八」可以成為美日高峰夜宴的舉辦場所。

　　獨門獨棟的「權八」就像一幢花園洋房，易於維護元首安全，而且空間夠大，足以容納相關官員。當然，權八還有一項優勢，它還有其他分店，臨時推掉已訂位客人的預約，可以想辦法安排訂位客人到其他分店，但最重要的是，「權八」的裝潢有濃濃的庶民風格，絕對可以滿足小布希對居酒屋的想像。

　　以竹子與木頭構築的「權八」，兩層樓的座位以井字狀圍繞著一樓的燒烤區，讓人有種回到古代客棧的錯覺；據說昆汀·塔倫提諾（Quentin Jerome Tarantino）就是來此用餐後，便構思了電影《追殺比爾》的情節。鄔瑪·舒曼（Uma Thurman）在《追殺比爾》中最精采的一場打鬥戲，拍攝場景便是在「權八」。回台之後我再看了一遍《追殺比爾》，發現那場戲的拍攝地，建築結

構確實與「權八」很相似，但場布、陳設與現在的裝潢已完全不同。

星光熠熠的居酒屋名店

既是小泉招待小布希的居酒屋，又有電影的加持，「權八」當然成為外國觀光客間最出名的居酒屋；許多大明星來到日本，都會專程跑來「權八」體驗日本的居酒屋風情，因此「權八」玄關所貼出許多大明星光顧的照片，Lady Gaga、Kobe Bean Bryant、Norah Jones……，簡直被星光刺到睜不開眼。

與一般日本居酒屋不同的是，「權八」的服務生非常國際化，接待我們的服務生便是一位外國人，因此用英文點餐完全不成問題。

我點了菜單中最貴的特選串燒，端上來一看，嚇！烤A4和牛、烤鵝肝、烤鮪魚中腹，如此奢華的組合，難怪要價二千四百日圓，這三樣食材的油脂都非常豐富，做成烤串非常適合，雖然這裡的食物不到頂尖美味，但作為可以把酒言歡的居酒屋，食物水準還是能上得了檯面的。

超級豪華的串燒組合，分別是A4和牛、鵝肝、鮪魚中腹。

權八 西麻布店

- ⌂ http://www.gonpachi.jp/
- ✉ 東京都港區西麻布1-13-11，六本木站步行10分鐘
- ⏰ 11:30～15:00，17:30～27:30，無休
- $ 串燒200～400日圓，蕎麥麵750日圓，午間套餐2,000日圓起，晚間套餐4,500日圓起

甜點披薩有草莓與文旦兩種口味。

04

en boca 東京

安倍首相常常
訂不到位的創作披薩

胖狗評鑑

美　味　度　★★★★★
環境舒適度　★★★★

看到日本電視節目正在播放「安倍總理常常訂不到位子的披薩店」，我立刻把它記下來。二〇一七年春天的東京賞花之行，姊姊一家決定加入我的行程，哈！五個人，我開心地撥了撥如意算盤，起碼可以吃到三種口味的披薩吧！

安倍總理最喜歡的披薩店叫做en boca（エンボカ），距離安倍晉三的私宅很近，安倍擔任首相之後還是常

常造訪。但en boca位於寧靜的住宅區，首相一來，大批的安全人員進駐難免引得鄰居側目，所以電視節目主持人尋訪時，隨意問個路人甲：「你知道安倍總理常常去的披薩店是哪一間？」路人甲馬上就指引外景隊目的地。

低調隱密的人氣名店

　　如果不是因為看過節目介紹，讓我對en boca的外觀有印象，光憑著google map的指引，還是很容易錯過它！因為這棟建築蓋在一塊狹長的畸零地，而且餐廳大門還往內縮，必須穿越綠色植物走道才能到達，走道口雖然掛了一個小小的招牌，但被植物環繞得幾乎看不到，不是熟門熟路的，根本看不出來這裡有一間餐廳。

　　知道en boca位子不好訂，我刻意訂在晚上八點鐘，等於是第二輪的晚餐時間，en boca除了以創作披薩聞名之外，菜單上也列了許多前菜，服務人員推薦我試試店裡的「薪窯燒料理」，原來在店內最深處，店主自己蓋了一座窯爐，其實店主本身就是一個建築師，整幢房子都是他自己設計、建造，這座窯爐除了拿來烤披薩，也可以做其他燒烤料理。

　　我點了「新玉ねぎ」，就是烤洋蔥，一顆大洋蔥表皮烤得完全焦黑，切開之後，每片洋蔥都軟甜多汁；烤蛤蜊，每一顆蛤蜊有半個拳頭那麼大，又脆又甜；烤穴子（星鰻）使用的是茨城縣產的天然穴子；烤鴨胸用的是京都丹波鴨。這些薪窯燒料理的調味都非常簡單，但食材好，火候的掌握，更是讓美味

1 │ 2 │ 3

❶ en boca 的招牌很小。
❷ 店主自己設計的窯，除了烤披薩，也烤其他料理。
❸ en boca 經常高朋滿座，一定要預約。

加分的關鍵。

食材大膽創新，碰撞出絕妙好味

令人期待的披薩，在前菜之後開始登場。我點了en boca的招牌披薩「野沢菜」。吃了第一口，你知道野沢菜是什麼？答案是，雪裡紅。

沒想到吧？雪裡紅竟然能拿來做披薩？所有人吃到這「野沢菜」披薩，個個眼睛發亮，從沒想到雪裡紅與芝麻醬、芝麻豆腐做成披薩會那麼好吃！雪裡紅獨有的嗆澀，讓披薩多了爽脆的口感，更在柔順的芝麻醬中增添清新的風味，這塊披薩帶給我很大的衝擊，完全顛覆過去對披薩的印象。

en boca的創作披薩可不只「野沢菜」一種，為了讓客人多嚐不同的口味，一份披薩可以選擇half-half兩種口味各半份，因此我還點了竹筍與山椒小魚各一半的披薩，竹筍搭配的是莫札瑞拉乳酪，也很好吃，但比較特別的是山椒小魚，烤過的山椒小魚更香酥，加上九条蔥的香氣，雖是日式風味，吃起來一點也不突兀。

en boca的披薩之所以好吃，獨創性的口味是其一，但最關鍵之處則是它的餅皮，雖然是薄餅皮，但邊緣做的比一般薄餅皮厚，高溫窯烤之後邊緣外層酥脆內裡鬆軟，仔細咀嚼，竟有點類似法國長棍麵包的味道，當然，口感上比法國長棍鬆軟得多。

這種餅皮鹹、甜都搭，en boca因此推出了甜點披薩，有草莓與文旦兩種，

我兩種都想嚐，又點了half-half；兩者相比，草莓比文旦更佳，因為文旦的酸甜度較低，有點過於清淡，而草莓遇熱散發出香氣，更加誘人。

　　en boca的披薩是真的好吃，平常不愛吃披薩的我，卻對這裡的披薩豎起大拇指，難怪即使是安倍總理，也經常會訂不到位子；臨走前，我問服務人員：「這裡的位子真的這麼難訂嗎？」她笑著說：「平日還好啦！如果是週末、假日，就真的很難訂。」

1	2
3	4

❶ 服務人員推薦的烤洋蔥，表皮完全烤成黑炭。
❷ 烤穴子鬆軟中有燒烤的香氣。
❸ 野沢菜披薩是雪裡紅加胡麻豆腐的口味。
❹ 左邊是竹筍披薩，右邊是山椒小魚披薩。

en boca東京

⌂ http://www.en boca.jp
✉ 東京都涉谷區元代代木町16-16
⌚ 11:30～14:30，17:30～22:00，
　 中午無休，晚餐週一、週二休

小泉首相經常造訪「壇太」居酒屋。

05

壇太

小泉首相愛吃的煎餃

胖狗評鑑

美　味　度　★★★
環境舒適度　★★★

在《朝日新聞》所出版的《總理的飲食──政局變動的時候，領導人吃了什麼？》一書中，收錄了十四位日本首相的飲食故事，包括中曾根康弘在「日之出山莊」的圍爐邊，以茶道及生魚片款待美國總統雷根、森喜朗在「山之茶屋」所吃的鰻魚料理、海部俊樹在「中國飯店」吃的咕咾肉……，但其中最平民化的，就屬小泉純一郎喜愛的「壇太」餃子。

　　那是二〇〇五年一月二十五日，小泉向國會提出郵政改革法案後的第四天，那天小泉已在國會面對議員質詢了一整天，結束之後趕去新大谷飯店參加國民政治協會的新年懇談會，待了不到半個小時，又趕到帝國飯店參加「日韓友情年2005」的開幕式，待了不到一小時，小泉突然對祕書官說：「去壇太吧！」結果，小泉在「壇太」一待就是將近兩個小時。

　　「壇太」是位於高輪台的一間居酒屋，據說小泉未擔任首相前就經常造訪，首相任內更來過十一次，他一進店門，總是在就坐之前，就放鬆了褲子上的皮帶，然後對店長說：「店長，給每人來一份餃子！」（首相身邊除了祕書，還有一堆隨扈）店主安達實先生在書中透露，小泉擔任首相之前來「壇太」，通常都喝啤酒，但擔任首相之後，就都點加了水的燒酎，那天晚上，他在「壇太」喝了二杯加水的燒酎，經過一整天的忙碌，彷彿那一刻才真正地放鬆了下來。

　　郵政民營化，是小泉從政以來就念茲在茲的改革工程，但牽涉太多派閥利益，直到他擔任首相三年多，對於政權運作更加熟稔自信後，才正式向國會提出郵政改革法案，結果不僅在野黨反對，連自民黨自家內部反對者也不少，不少人勸他謙虛妥協，但小泉仍然不為所動，那天晚上在「壇太」，他似乎已經預感到接下來與反對派將有激烈的衝突，但他信心滿滿地對祕書說：「我有勝算！如果沒有勝算的話就不會做。」事後證明，小泉不惜解散國會重新改選，雖然歷經波折，最後還是通過了郵政改革法案。

　　桀驁不馴的小泉情有獨鍾煎餃，讓我對「壇太」充滿好奇，其實「壇太」

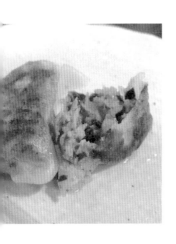

| 1 | 2 | 3 | | 4 |

❶ 「壇太」有不少熟客，
在燒酒瓶上掛上自己的
牌子。
❷ 小泉首相喜愛的煎餃，
一份六個。
❸ 野菜風的煎餃，可惜蔬
菜切得太細比較沒有口
感。
❹ 「壇太」也有洋風的蝦
仁野菜沙拉。

是一間再平凡不過的居酒屋，來到「壇太」，我也效法小泉點份煎餃，來杯加水的燒酎，「壇太」提供的燒酎，以評價不錯的黑霧島、赤霧島為主，店裡不少燒酒瓶都掛上熟客的牌子，我點了加冰水的赤霧島，以紫芋為原料的赤霧島，產量較少，每年只在春、秋兩季才對外販售，本以為燒酒會很嗆辣，沒想到加了冰水意外地好入口，還帶有淡淡的香氣與微微的甜。

滿心期待的小泉煎餃終於上場，一份六顆，我迫不及待地吃了第一顆，嗯……，皮很薄，煎得也很焦脆，但我很確定那不是我喜歡的煎餃，因為內餡裡的蔬菜切得實在太細了，所以吃起來感覺「很空虛」。我問老公：「你覺得這個餃子如何？」老公毫無懸念地回答：「很普通啊！」彷彿不解我為何有此一問。

在日本，與煎餃相伴為友的是拉麵，我點了店內較高人氣的鹽味拉麵，是以雞骨熬的湯底，味道較為清爽，湯頭也不會過鹹，但……還是很普通，沒有什麼特別。

庶民小吃撫慰首相心

不過，「壇太」的生意非常好，它的座位分成桌席與榻榻米席，牆壁上貼滿了客人的訂位預約，我造訪時不到六點，用餐時不斷有客人陸續進來，讓我有些搞不懂，這麼「平凡」的居酒屋，為什麼人氣如此旺？

我又點了幾樣下酒菜，包括雞肉沙西米、砂肝（雞胗）、豬肉片炒野菜、

蝦仁沙拉，發現這裡的菜色，比起一般的居酒屋，蔬菜的比例較多，就連煎餃也屬野菜風，除此之外，還有炒飯、麻婆茄子等中華料理。

　　結了帳一看，我終於了解為什麼「壇太」如此高人氣；小泉首相的加持，固然讓它聲名遠播，但經濟實惠的價格，才是它受到歡迎的最大的原因，我們兩個人飽餐一頓，連酒帶菜加煎餃與拉麵，一共不到五千日圓，對於許多日本上班族而言，不論要吃飽，還是想小酌一番，都不會有什麼負擔，這才是真正的日本庶民消費。

　　回台之後查了一些資料，才知道原來「壇太」的店址距離以前的眾議員宿舍很近，據說小泉卸任首相之後，就沒有再來過「壇太」；這位日本近年來任期最長的首相，私下的生活原來就像一般的日本上班族，下了班，會找個離家近的居酒屋輕鬆輕鬆，已退出政壇的小泉，或許現在已轉移陣地，搞不好要到他橫須賀私宅附近的居酒屋，才會發現他的身影呢！

1	2

❶ 雞骨湯底的鹽味拉麵，湯頭不會過鹹。
❷ 雞肉沙西米，有兩種部位的生雞肉。

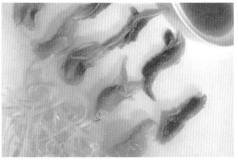

壇太

✉ 東京都港區高輪3-7-14，地鐵淺草線高輪台站步行3分鐘

🕐 11:30～13:30 17:30～24:00，週日假日休、每月第三個週六休

6

大人小孩都愛的
洋食館

「洋食」究竟是西洋料理，還是日本料理？
恐怕問不同的人，會得到不同的答案。在日本。
但是洋食的源起，毫無疑問當然是西洋料理。
日本與西洋料理的接觸，
始於十六世紀中期與葡萄牙船隊的商貿往來，
當時稱為南蠻料理。

日本國民美食百百種，但是如果要談到大人小孩都喜歡吃，恐怕非「洋食」莫屬了！

「洋食」究竟是西洋料理，還是日本料理？恐怕問不同的人，會得到不同的答案。

在日本人的認知裡，「洋食」指的是牛肉燴飯（ハヤシライス，hayashi-raisu）、炸豬排（とんかつ，tonkatsu）、蛋包飯（オムライス，omu-raisu）、咖哩飯（カレーライス，kare-raisu）、可樂餅（コロッケ，korokke）、漢堡排（ハーバーク，hanbagu）等，嚴格說來，雖然有西洋料理的影子，但口味上又不太像。

以炸豬排來說，英國、法國、義大利雖有相似的煎豬排，但麵衣並不相同，也沒那麼厚，更很少用大量的油來深炸；像蛋包飯，歐美國家雖然有omelet，卻沒有在蛋皮或蛋包中加入炒飯；源自印度的咖哩，混合了薑黃、丁香、肉桂等二、三十種香料，傳到世界各地之後都出現了不同的配方，日式咖哩相較其他地區甜味比較明顯，而且日本人吃咖哩，習慣配上福神漬醬菜，這也是與其他國家不同之處。

而且這些料理大部分都是配米飯，而不是配麵包；在洋食館裡，就算點的是漢堡排，侍者也會問你要配麵包還是要配白飯？理論上，吃洋食應該用刀叉，但因搭配的是米飯，所以用筷子與湯匙來吃的情形更為普遍，只有在需要分割大塊肉時，才會改用刀叉；所以日本的洋食，不論味道與用餐方式，都與

西洋料理有所不同，因此日本社會中有一派認為，「洋食」應該是日本料理，而非西洋料理。

　　但是洋食的源起，毫無疑問當然是西洋料理。日本與西洋料理的接觸，始於十六世紀中期與葡萄牙船隊的商貿往來，當時稱為南蠻料理，但因日本禁吃獸肉，因此並未改變日本以魚米為主的飲食文化，影響較大的反而是辛香料、甜點、蔬果種籽的傳入，到了幕末時期，才有第一家西洋料理專門店在長崎開設。

　　雖然長崎是西洋料理的發源地，但在明治新政府的支持下，東京的西洋料理不管在料理技術的精進、用餐禮儀的推廣，都有無可取代的地位，一八七二年，東京第一家西洋料理店「築地精養軒」開幕，「築地精養軒」與後來的「上野精養軒」，執當時東京法國料理的牛耳，但「築地精養軒」後來被大火付之一炬，所幸「上野精養軒」還健在，喜歡日本西洋料理的朋友，不妨走一趟上野公園，嚐嚐這東京最初的西洋料理。

　　只不過，明治時期上流社會流行的西洋料理，要經歷無數料理人的努力，在大正時期轉變成符合日本人口味的「洋食」，才真正大放異彩；時隔百年，「洋食」已經深入到每個家庭，東京街頭也隨處可見賣炸豬排、蛋包飯、咖哩飯的店家，雖然「洋食」已經是普遍到不能再普遍的料理，還是有一批職人兢兢業業，鑽研著如何把炸豬排、蛋包飯、咖哩飯等變得不平凡，成為所有大人小孩都愛的國民美食。

01

上野精養軒

大人風的牛肉燴飯

胖狗評鑑

美味度 ★★★★☆
環境舒適度 ★★★★☆

談到東京的西洋料理，「精養軒」就是有無可取代的地位。

明治初期，為了接待外國人的需求，北村重威在新政府的支持下，在一八七二年於丸之內開設了「精養軒」，但開幕當天，卻被一場大火燒個精光，北村重威並未因此氣餒，隔年於築地再開「精養軒」，一八七六年，又在上野公園開設了「上野精養軒」，關東大地震時，「築地精養軒」又被燒毀，此後未再重建，昔日作為分店的「上野精養軒」，如今反而成

1	2	4
	3	

❶ 上野精養軒在日本的西洋料理有無可取代的地位。
❷ 傳說中的牛肉燴飯屬於成熟的大人風。
❸ 上野精養軒的咖啡廳晚上客人很少。
❹ 拿坡里義大利麵酸甜適中。

為本店。

　　作為東京第一家西洋料理專門店，「精養軒」一直流傳著許多小故事，許多著名的西洋料理人都曾經在「精養軒」修業，其中最著名的當然是「天皇的御廚」秋山德藏；日劇《流星之絆》每集必出現的牛肉燴飯（ハヤシライス，hayashi-rice，也有人譯作香雅飯），是許多日本人喜愛的洋食，這種以炒過的洋蔥、蘑菇、牛肉片，加上demi-glace醬汁熬煮的牛肉燴飯，起源有不同的說法，其中有一說指它原來是「上野精養軒」一位姓林的廚師利用剩餘材料做的員工伙食，沒想到因為味道非常好，後來才把它列在菜單上。

　　為了吃傳說中的元祖牛肉燴飯，我專程來到「上野精養軒」，「上野精養軒」有兩個廳；一個是供應傳統法式料理的GRILL FUKUSHMA，明治、大正時期文學家作品中所描述的「精養軒」，指的都是這個華麗的餐廳；另一個是咖啡廳CAFERANT LANDAULET，供應的是洋食簡餐，價格當然比較親民，

如果想吃傳說中的牛肉燴飯，就得到咖啡廳。

我在晚上造訪，咖啡廳幾乎沒什麼客人，我還點了拿坡里義大利麵，兩種都附沙拉。

記得天海佑希主演的《三星校餐》中，有一幕提到，日本小孩喜歡的拿坡里義大利麵味道偏甜，但大人喜歡的味道偏酸，為了尋找大人小孩都會喜歡的酸甜度，她嘗試用很多不同品種的番茄來熬煮番茄醬，最後才找出大人小孩都會愛上的酸甜度，不知道「上野精養軒」的拿坡里義大利麵是否也經過這樣的反覆實驗，因為這個番茄醬的酸甜度確實相當適中。

牛肉燴飯的澆頭放在白色的容器裡，舀了一匙，發現這裡用的牛肉片比一般的厚，所以吃起來較具口感，洋蔥已在醬汁中融化，但是澆頭的味道卻比想像中略酸，還帶一點成熟的苦味，原來傳說中的牛肉燴飯，是屬於大人風的牛肉燴飯。

坦白說，「上野精養軒」的ハヤシライス不會不好吃，卻不是我懷念的口味。這讓我想起，在《流星之絆》中，三兄妹的大哥歷經了好幾次失敗，才做出「父親的牛肉燴飯」，ハヤシライス所用的demi-glace醬汁，是法式料理的基礎醬汁，但是每個主廚做出來都有不同的風味，雖然每家洋食館都有這道料理，但對於每一個人而言，都有屬於自己記憶中那個懷念的味道。

上野精養軒
CAFERANT LANDAULET

🖰 http://www.seiyoken.co.jp/
✉ 東京都台東區上野公園4-58，上野
　公園內
🕐 11:00～20:00，無休
💲 牛肉燴飯1,450日圓，拿坡里義大利
　麵1,350日圓

咖啡廳還有賣以宮內廳御用鴨
場生產的布丁。

grill Grand 是淺草著名的洋食老鋪。

02

grill Grand

讓人心跳加速的
薄片煎豬排

胖狗評鑑

美　味　度　★★★★★
環境舒適度　★★★☆

日本知名歷史小說家池波正太郎是個超級喜歡吃洋食的文學家，他的美食隨筆《昔日之味》中，有好幾篇文章都在描述洋食，小時候住在淺草的他，家裡附近有一家叫「美登廣」的洋食屋，「美登廣」的薄片炸豬排，是他童年最隆重的大餐，每次「美登廣」的女兒外送薄片炸豬排到他家時，打開食盒的那一刻，總令他心跳加速。

　　現在的淺草,當然已經沒有「美登廣」這家洋食屋了!但是就在淺草觀音寺後面的巷子裡,有一家昭和十六年(1941年)創業的洋食老鋪grill Grand有賣薄片煎豬排,雖然與池波正太郎所描述的薄片炸豬排不盡相同,但為了它,我專程跑了grill Grand二次。

　　第一次是晚上去,結果grill Grand座位全部被預約光了,會講英文的服務小姐一直不好意思地向我道歉,建議我第二天中午再來,「中午的菜單與晚上是一樣的,價錢還比較便宜呢!」第二天中午再訪grill Grand,不到十二點鐘,一樓的座位已經全滿,那位會講英文的服務小姐看到我一定要吃到的意志如此堅定,一直笑著對我說:「ありがとう!」立刻整理好二樓的和室座位,雖然在榻榻米席上吃洋食有點怪,但至少不用排隊久候。

　　一坐下來,我立刻指著菜單上ポークステー(pork saute)的圖片,即薄片煎豬排,另一道則點了オムハヤシ(omu-hayashi),是蛋包飯淋上牛肉澆頭,兩份餐點都附沙拉與湯;看起來很沒什麼料的蔬菜湯卻意外地好喝,還沒吃到主食,就已見識到洋食老鋪的底蘊,難怪grii Grand人氣如此之旺!

　　先上來的オムハヤシ,蛋包呈半生熟的液狀,牛肉澆頭是看得到洋蔥的那

		3
1	2	4

❶ grill Grand 不到十二點，一樓的座位全滿。
❷ 看起來沒什麼料的蔬菜湯卻意外地好喝。
❸ 淋上牛肉澆頭的オムハヤシ。
❹ 香氣逼人的薄片煎豬排。

---

grill Grand

✉ 東京都台東區淺草3-24-6，地鐵
　淺草站步行8～10分鐘
🕐 11:30～14:30，17:00～21:30，
　週日及週一休
💲 薄片煎豬排1,800日圓，牛肉澆頭
　蛋包飯2,200日圓

種，底下的炒飯則是用番茄醬炒過，呈現出多層次的味道；其實我個人比較偏愛蛋皮煎至全熟的傳統蛋包飯，grill Grand也有那種傳統的蛋包飯，只是我貪心地想嚐嚐多種不同的味道，才點了オムハヤシ。

　　就在我吃オムハヤシ時，侍者正端著薄片煎豬排走過來，她人還未到，香味就已經先飄了過來，等到豬排放到我面前時，天啊！這香氣簡直逼得人直流口水，應該是用豬油煎的豬排才能有這種香氣！我迫不及待地夾了一片送進嘴裡，抬起頭立刻對著老公說：「perfect！」

　　那是上等的裡脊肉，仔細敲打過後鋪上薄薄的一層麵粉，才下鍋油煎，由於煎得火候極佳，所以豬排邊緣雖略帶油脂，吃起來卻很香酥，瘦肉部分兼具柔嫩與扎實兩種口感，加上豬油的香氣，這豬排，實在是太完美了！

　　薄片煎豬排淋上的番茄醬汁，酸中偏鹹，單吃會覺得有些過鹹，但是配上白飯卻剛剛好，旁邊一球馬鈴薯沙拉，也是那種溫和傳統的味道。

　　我終於了解到池波正太郎看到豬排時，那種心跳加速的感覺了！下一次來淺草，我一定還會再來grill Grand。

03

成藏

日式豬排界的精品

胖狗評鑑

美 味 度 ★★★★☆
（我不愛低溫淺炸系）

環境舒適度 ★★★★

除了怕熱量太高而不敢吃之外，應該沒有人會覺得日式炸豬排不好吃吧？

日式炸豬排（とんかつ）與咖哩飯、可樂餅並列為日本三大洋食，也是日本隨處可見的國民美食，平心而論，這幾年台灣的日式炸豬排，在日本品牌不斷進軍之下，不論豬肉品質、炸功，甚至連白飯的水準，都有明顯的進步，因此近幾年來到日本，我反而很少吃日式炸豬排了。

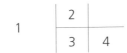

| 1 | 2 | |
| | 3 | 4 |

❶ 不論何時，「成藏」永遠都有排隊人潮。
❷ 霧降高原豚的シャ豚ブリアン比一般腰內
　 肉更柔軟。
❸ 煌麥豚里肌肉的脂肪溶點只有34度。
❹ 「成藏」的白飯用的是山形縣えぬき米，
　 連續20年特A級受賞。

　　但是東京還是有幾家日式炸豬排，努力地與其他炸豬排作出區隔，甚至把炸豬排精品化，「成藏」就是其中之一。

「銘柄豚」建立起品牌口碑

　　「成藏」多年來一直占居東京tabelog炸豬排類的榜首，所以不論任何時間造訪，排隊是必然的；約莫排了一個多小時，走進地下室的「成藏」，發現「成藏」並未因門外永遠大排長龍，而把空間弄得很擁擠，桌子的長寬比一般咖啡館來得大，擺上餐點後不會覺得太緊迫。

　　「成藏」所使用的豬肉，清一色皆是「銘柄豚」；「銘柄豚」即所謂的品牌豬，近年來，日本豬農下了不少功夫改良配種、研究飼料，想盡辦法從源頭去

除豬肉的腥味、增加豬肉本身與脂肪的美味，花費的心力絲毫不亞於和牛的飼養，為與一般豬肉有所區隔，便冠於品牌名稱，售價自然也較高。

「成藏」常年供應的是栃木縣的「霧降高原豚」，除此之外，還不定期供應岩手縣的「岩中豚」、鹿兒島產的「霧島黑豚」、新潟縣的「雪室熟成豚」與「煌麥豚」，這幾種豬肉各有不同風味，「成藏」為此做了一張象限圖，以「濃郁、清爽、柔軟、嚼感」四個指標，標示出這五種豬肉的差異；小小的一張圖，展現出「成藏」對於豬肉風味的鑽研，只不過，除了「霧降高原豚」之外，其他四種要看運氣，不一定每天都有，像我造訪的這一天，就只有「煌麥豚」。

肉品選擇學問大

除了不同的品牌豬之外，接下來便是部位與分量的差異。一般的炸豬排店，頂多就是里肌肉（ロース）與腰內肉（ヒレ）兩個部位，但是「成藏」除了一般里肌肉，還多了「上」、「特」，共有三種選擇；腰內肉則多了「シャ豚ブリアン」，根據店員的說法，「シャ豚ブリアン」比一般的腰內肉更加柔軟。

「煌麥豚」與其他銘柄豚最大的不同，是它的脂肪溶點最低，只有三十四度；換句話說，里肌邊緣的那一塊脂肪，在齒間微微一咬就會溶化，喜歡里肌嚼感的人或許會覺得「煌麥豚」太柔嫩，簡直到了腰內肉的程度，但是這種類似腰內肉口感的里肌肉，對我來說卻是一種新奇的體驗。

也別小看店內隨時都吃得到的「霧降高原豚」，我點了「霧降高原豚」一般等級的腰內肉與シャ豚ブリアン，兩種都是最小份的，雖說兩種都屬腰內肉，但是一比之下，果然有差！シャ豚ブリアン真的更嫩、更軟，但是肉味卻沒有一般腰內肉濃郁，不得不佩服「成藏」對於豬肉的用心，如果不是同時品嚐、仔細比較，這些銘柄豚之間細緻的差別，恐怕不易分辨。

低溫淺炸「柔軟系」豬排

「成藏」的另外一個特點，是它強調低溫油炸。一般日式炸豬排多以油鍋

深炸，最後再高溫上色，麵包粉的口感會比較酥脆；但「成藏」採低溫淺炸，就必須利用餘溫讓豬肉變熟，這樣固然會讓豬肉口感變得更柔軟，麵包粉就無法走酥脆的路線，因此「成藏」的麵衣不但顏色淺、口感蓬鬆，甚至連高麗菜絲，也是富含水分的柔軟，而不是爽脆的口感，可以說是從頭到尾，完全屬於「柔軟系」！

坦白說，我並不喜歡「成藏」這麼柔軟、蓬鬆的麵衣，特別是吃到後面反而會覺得這種麵衣比較油膩，老公甚至乾脆把麵衣去掉只吃豬肉，令我非常害怕老闆會認為我們不懂欣賞他的心血，直接把我們丟出去！

但我還是很佩服「成藏」這種把柔軟發揮到極致的功力！特別是對於豬肉風味的探究，從白飯、漬物、高麗菜絲，每一個小細節都看得到付出的心血，不管喜不喜歡，「成藏」能夠長期占據東京炸豬排第一名的寶座，確實有它的原因。

1
—
2

❶ 「成藏」以象限圖標示出五種銘柄豚不同之處。

❷ 「成藏」的蝦肉品質不錯。

成藏

✉ 東京都新宿區高田馬場1-32-11，高田馬場車站步行5分鐘

🕐 11:00～14:00，17:30～20:30，週四及週日休

💲 煌麥豚里肌定食（130g）2,250日圓，霧降高原豚シャ豚ブリアン定食（135g）2,400日圓，單點霧降高原豚腰內肉420日圓，炸蝦650日圓

04

カッチャル
バッチャル

讓人一吃就愛上的
咖哩與饢餅

胖狗評鑑

美味度 ★★★★★
環境舒適度 ★★★

明治時期的思想家福澤諭吉是第一個將咖哩介紹給日本人的人，在他編撰的《增訂華英通語》辭典中，第一次出現了「curry」這個字；但咖哩能如此深入日本社會，與日本海軍有密不可分的關係。

明治時期學習英國海軍制度的日本，參照英國海軍的飲食，把咖哩列入為海軍伙食，由於咖哩兼具蔬果肉類，不但十分營養，且在漫長的海上航行中，官兵們對時間的感覺容易變得遲鈍，每週五吃一次咖哩，特殊的

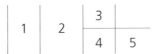

1	2	3	
		4	5

❶ 餐廳位於二樓，要從旁邊的樓梯上去。
❷ 樓梯間掛著一幅具印度風情的壁布。
❸ 章魚鷹嘴豆沙拉，醬汁調得極好。
❹ 加了乳酪的饢餅吃起來像披薩。
❺ 蝦仁咖哩與奶油雞肉咖哩，咖哩風味很相似。

辛香料可以提醒官兵們對於時間的記憶，隨著海軍官兵們的退役，咖哩便深入於民間，因此不少人認為，海軍是推廣咖哩流行的大功臣。

到了戰後，日本糧食匱乏，此時印度向日本提供七噸的香料，促使日本將咖哩列為學校的營養午餐，加上食品公司開發出即溶咖哩塊，簡單易煮的特性，讓咖哩深入到每一個家庭的餐桌；根據日本S&B食品公司的調查，日本人平均一週會吃一次以上咖哩，更將一月二十二日訂為「咖哩之日」，全國中小學在這一天的營養午餐，全部都是咖哩飯。

咖哩雖然以薑黃為主，但混合的辛香料多達二、三十種，加入各種肉類、海鮮、蔬果都很協調，可說是相當「因地制宜」的食物，因此印度、東南亞、日本的咖哩風味都不太一樣。

一般來說，日式咖哩因為加入了蘋果果泥使得辣度降低、味道偏甜，北海道開拓時期，克拉克博士推廣洋蔥、馬鈴薯、紅蘿蔔的大規模種植，讓三種蔬

菜被視為咖哩的「三神器」，形成日式咖哩風味的基礎。

低調印度風的東京咖哩餐館

「カッチャル バッチャル」是我近年來在東京一吃就愛上的小餐館，位於新大塚的「カッチャル バッチャル」，從外表、裝潢來看，都很不起眼，而且餐廳位於二樓，名字又超級難念，到了晚上，新大塚車站附近不太熱鬧，如果不是刻意尋找，看到樓梯間帶有印度風情的壁布，一不小心就會錯過。

嚴格說來，這間比較像是專賣咖哩的小酒館，手寫的菜單一大堆外來語的片假名，讓我閱讀起來倍感困難，胡亂點了章魚鷹嘴豆沙拉（タコとヒヨコ豆のサラダ）、奶油雞肉咖哩（バターチキンカレー）、蝦仁咖哩（クリーミー海老カレー），另外點了米飯（ライス）、饢餅（ナン），結果每一道料理都深得我心。

特別是章魚鷹嘴豆沙拉的醬汁調得極好，酸味清爽味道又豐富；咖哩一樣屬於偏甜的口味，但是香濃滑順，讓人一吃就喜歡，光是單吃就很好吃，不過，也許是我不太會點，六種咖哩中挑了兩種，都是加了奶油的口味，所以咖哩基底味道非常相似，沒有品嚐到不同口味的咖哩，令我相當扼腕。

值得一提的是這裡的饢餅，與一般的印度饢餅不同，這裡的饢餅加了大量的乳酪，所以吃起來有點像披薩，不但好吃，沾上咖哩也相當速配。

カッチャル バッチャル比較像是專賣咖哩的小酒館。

カッチャル バッチャル

✉ 東京都豐島區南大塚3-20　林ビル2F，地鐵丸之內線新大塚站步行2～3分鐘

🕐 18:00～24:00，週日休

即使是下午，「喫茶You」還是有人排隊。

05

喫茶You

男女老少都無法抗拒的
「蒲公英蛋包飯」

胖 狗 評鑑

美 味 度 ★★★☆
環境舒適度 ★★★

傳統上，日本的蛋包飯是將番茄雞肉炒飯包裹在煎至全熟的蛋皮中，一九八三年，日本導演伊丹十三拍攝電影《蒲公英》時，提出一種蛋包飯的新吃法，他希望不把炒飯包在蛋皮內，而是把蛋捲放在炒飯上，要吃的時候才用刀把蛋捲劃開，讓半熟的蛋液將炒飯蓋住，於是他委託洋食老鋪「泰明軒」製作這款新式的蛋包飯。

1 | 2

❶ 蛋包煎得非常漂亮。
❷ 劃開來是半生熟的蛋液。

《蒲公英》上映之後，蛋捲劃開的那一剎那，半生熟的蛋液露出來的畫面實在太誘人！從此，日本蛋包飯的歷史出現了戲劇性的變化，許多洋食屋爭相仿效製作這種半生熟的蛋包飯。理論上，想吃「蒲公英蛋包飯」應該去「泰明軒」，但是「泰明軒」的蒲公英蛋包飯竟然要價一千九百五十日圓，真不是普通的貴！我只不過是想吃半生熟的蛋包飯，有必要花那麼多錢去「泰明軒」吃嗎？

最後我選擇去銀座的「喫茶You」，雖然「喫茶You」不能堂而皇之冠上「蒲公英」、「伊丹十三」作為訴求，但一樣是那種劃開來是半生熟的蛋捲，底下藏著番茄醬雞肉炒飯。而「喫茶You」絕對是蛋包飯的人氣名店。從中午到晚上，門口一直有人排隊，全部都是為了蛋包飯而來。

有趣的是，每一桌的客人不論男女老少，每一個人都點蛋包飯！我幾乎要懷疑，「喫茶You」是不是只賣蛋包飯？但菜單上明明有其他的餐點啊！於是我和老公還是決定一個人點蛋包飯，一個人點野菜咖哩飯。我發現，大部分的客人並沒有採取《蒲公英》的吃法把蛋包劃開，而是維持蛋捲的形狀，從邊緣開始一匙一匙蠶食鯨吞，或許半生熟的蛋液混入紅色的番茄醬，看起來不甚美觀，日本人吃東西，還是講究要美美的。

喫茶You

⌂ http://kissa-you.com/
✉ 東京都中央區銀座4-13-17，
地鐵東銀座站5號出口步行1分鐘
🕐 11:30～20:30，年中無休
💲 11:30～15:00蛋包飯、咖哩飯皆1,100日圓，
15:00～20:00蛋包飯、咖哩飯皆為1,300日圓

還沒到營業時間，ミート矢澤門口已聚滿了人。

06

ミート矢澤

千元日圓吃得到的
A5和牛漢堡排

胖狗評鑑

美　味　度　★★★☆
環境舒適度　★★★☆

　　在東京，想要痛快品嚐一頓A5和牛，花個上萬日圓是稀鬆平常之事，那麼，有沒有可以用比較親民的價格，就品嚐到A5和牛的地方呢？

　　位於五反田的「ミート矢澤」，是東京都內知名的A5和牛漢堡排與牛排專賣店，它的漢堡排只要一千日圓出頭就能享用，這麼好康的事情，怎能阻擋我這個愛吃鬼！

| 1 | 2 | 3 |

❶ 牆上掛著今日的牛肉產地與編號，昭示全都是A5等級。
❷ 漢堡排是人氣商品。
❸ 骰子牛排味道一般般。

　　漢堡排一直是我很喜歡的一道料理，它的起源眾說紛紜；有說起源於十三世紀的俄羅斯、有說起源於義大利的肉丸，但漢堡之所以與德國的漢堡同名，相傳是因為德國人擅於製作這種碎肉食品，例如把豬肉剁碎灌成香腸，或是把牛肉剁碎做成牛肉餅，隨著德國新移民傳到了美國，這種牛肉餅就被稱為漢堡排（Hamburg steak）。

　　有趣的是，這個起源於歐陸地區的料理，在歐美的餐廳並不是那麼常見，反而在日本成為隨處可見的洋食。前一陣子台灣人聽到「重組肉」便為之色變，嚴格來說，漢堡排當然屬於重組肉，而且日本漢堡排經典的作法不光是重組牛肉，還要牛、豬混合，以增加脂肪與鬆軟度，雖然時有聽聞不肖廠商為降低成本，重組些亂七八糟的東西，再利用香精、化學調味料增加「肉味」，但有良心的重組肉與沒良心的重組肉，味道真的是天差地別！

平價卻高檔的牛肉漢堡排

　　所以當我聽到「ミート矢澤」的漢堡排，「重組」的原料竟是A5和牛，說什麼也得來試試。記得那天抵達時，還沒到中午營業時間十一點，門前已經聚滿了人，隊伍已經排到對面目黑川的沿岸，算了算人數，第一輪進店者，還沒

我的份哩！

「ミート矢澤」的菜單基本上分成兩大類，漢堡排與牛排；漢堡排有 regular 與 large 兩種大小，至於牛排種類，從二千多日圓的骰子牛排，到近六千日圓的沙朗、菲力統統都有，如果兩種都想吃，可以選擇牛排與漢堡排的組合餐，所有的餐都附沙拉、白飯與味噌湯。既然「ミート矢澤」以平價為號召，我便選最便宜的來嚐嚐看，所以就點了一份漢堡排，一份骰子牛排加上漢堡排的組合餐。

「ミート矢澤」標榜所有的漢堡肉與牛排用的都是 A5 和牛，為昭公信，牆上的黑板會寫出當天所用牛肉部位的產地與編號，我看到「格付」那一欄寫的都是 A5，忍不住有一種吃到賺到的喜悅。

鐵板滋滋作響引人垂涎

吃完簡單的沙拉，侍者端上被爐火烤得滋滋作響的鐵板，漢堡排躺在鐵板上還冒著熱氣，光聽那聲音就令人食指大動。

一刀切開漢堡排，看到肉汁緩緩流出真讓人開心！「ミート矢澤」強調它們的漢堡排用的是百分之百的黑毛和牛，本來還擔心全部都是牛絞肉會不夠軟嫩，看到這肉汁，立刻放心了一大半，吃了一口，嗯……一點都不乾澀。

漢堡排是令人滿意的，但是骰子牛排則差強人意；以牛絞肉製成的漢堡排，可以利用許多烹調技巧讓它變得好吃，但牛排是硬碰硬的肉質對決，柔嫩的菲力或是油脂豐富的沙朗，價格都很高，一般餐廳以低價推出的骰子牛排通常不會用這些部位。

結完帳，步出門口，看到對面目黑川畔長長的人龍，慶幸自己來得早，平價美食，永遠充滿蠱惑人的魅力！

ミート矢澤

- http://www.kuroge-wagyu.com/my/index_tyo.html
- 東京都品川區西五反田2-5-13 JR五反田站西口步行4分鐘
- ☎ 03-5436-2914
- 11:00～15:00，17:00～23:30，假日晚上提前至16:00營業，年中無休
- 漢堡排（regular）1,480日圓，骰子牛排100g＋漢堡排（regular）2,680日圓，steak sauce組合130日圓

07

Brozers'

具有日本職人精神的
美式漢堡

　　二〇一五年底，紐約人氣漢堡名店Shake Shack進軍東京，在神宮外苑的銀杏並木通開了日本的第一家店，從早到晚不斷湧進排隊人潮，我也曾經慕名跑去一嚐Shake Shack的漢堡，吃完之後，最大的感想便是：「日本人的口味真的變了！」現在日本的年輕人，對於原汁原味的外來口味已經非常習慣，不用經過「在地融合」在口味上調整，便能輕易接受，否則Shake Shack不會在日本這麼紅！

	2	4
1	---	
	3	

❶ Brozers' 的漢堡令人垂涎欲滴。
❷ Brozers' 店面走大紅色的美國風。
❸ 百分之百以牛肉做的漢堡肉，相當多汁。
❹ 洋蔥圈很酥脆，薯條比較普通。

　　但是我明明就覺得「Brozers'」那種日式漢堡比較好吃啊！原來我擁有的是屬於「昭和味覺」的舌頭，我不喜歡純美式漢堡那股明顯的牛騷味，我喜歡日式漢堡那種溫和的調味，我總覺得日本的漢堡比美國的漢堡，好吃很多倍！

日式風格的美式漢堡

　　「Brozers'」就是「日式風格的美式漢堡」；或許以「血統」論，它是屬於澳洲的漢堡，Brozers' 的老闆北浦先生從小在比利時長大，對於童年在比利時吃到的漢堡一直念念不忘。

　　十七歲時受到電影《雞尾酒》的影響，興起開漢堡店的念頭，便赴澳洲雪梨學習製作漢堡的技術，二〇〇〇年在洋溢老鋪情緒的人形町開了第一家「Brozers'」，現在除了人形町本店，還有新富町店、東雲店。

　　我吃的是「新富町店」，大紅色的店面掛著幾幅電影海報，美式風格十分強烈，菜單中的漢堡種類多得讓人眼花撩亂，我點了培根起士漢堡（Bacon Cheese Burger），雖然並不是「最高聳」的，但還是覺得相當巨大。

　　烤過的麵包表皮酥脆內裡蓬鬆，從上而下，依次是煎過的培根、微微融化的起士、厚厚的漢堡肉、洋蔥、番茄、生菜與白色的醬料，層層疊疊得實在很誘人；等我拍完照，自己分切時，果然，鬆軟的麵包禁不起我的「蠻力」，被壓扁了！

　　即使麵包已被壓扁，我還是得努力地把嘴巴「撐」到極限，才能完整地咬一口，各種食材的滋味一次湧進嘴裡，肉汁與培根的鹹香，與清爽的蔬菜被特製的醬汁完美地結合，麵包適時地填補了食材的縫隙，我只能說，「Brozers'」的漢堡既有美式的豪爽，又有日本職人的纖細，真的是太好吃了！

　　更重要的是，百分之百以牛肉製成的漢堡肉，不但多汁且完全沒有牛騷味！愛吃肉的可以選擇雙份漢堡肉，不吃牛肉的則有雞肉漢堡或是熱狗麵包；想要吃得更豐富，還可以加鳳梨、雞蛋、酪梨，嗜辣者則可選擇辣味的醬料。

　　倒是很推薦這裡的番茄沙拉，雖然只是切片的番茄綴著洋蔥末，撒上一點香料、油醋，但是洋蔥顯然事先泡過冰水，所以完全沒有辛辣味，從這小小的地方，就可見識到Brozers'的細膩，不愧是日本人開的漢堡店。

Brozers'

- http://brozers.co.jp
- 週一到週四11:00～22:00，
  週五週六延至23:00打烊，
  週日及假日提前至20:00打烊，
  不定休

人形町店
- 東京都中央區日本橋2-28-5，地
  鐵人形町站A3出口，步行3分鐘

新富町店
- 東京都中央區新富2-2-11，新富
  町站2號出口步行1分鐘
- 培根起士漢堡1,450日圓，番茄沙
  拉500日圓

番茄沙拉清新爽口。

7

風格獨具的
珈琲喫茶

日本所謂的喫茶店，其實就是咖啡館。
但是在日本食品衛生法的規定，
喫茶店與咖啡館，還是有些許不同。
兩者最大的差別，就是喫茶店不能提供酒類，
但咖啡館可以提供酒類。

記得剛開始去日本時，看到街上招牌寫著「喫茶」的店鋪，總是聯想到台灣早期的摸摸茶、純喫茶那種色情營業場所，後來才發現這個誤會實在太大了！原來日本所謂的喫茶店，其實就是咖啡館。

「喫茶」一詞，源於鎌倉時代從中國傳入日本的飲茶文化，當時雖然喝的是綠茶，但時至今日，「喫茶」的意義已不局限於綠茶，紅茶、咖啡、果汁、甜點、簡餐，「喫茶店」都可以提供，這樣看來，似乎與咖啡館沒什麼兩樣。

但是在日本食品衛生法的規定，喫茶店與咖啡館，還是有些許不同；喫茶店需要申請「喫茶店營業許可」，咖啡館則需申請「飲食店營業許可」，兩者最大的差別，就是喫茶店不能提供酒類，但咖啡館可以提供酒類。

而日本的咖啡館，除了寫成「喫茶」之外，還有「珈琲」、「カフェ」、「コーヒー」的名稱，「カフェ」、是Café的音譯，「コーヒー」是coffee的音譯，但為什麼會寫成「珈琲」，則有一段過程。

早在十八世紀，荷蘭與日本的貿易往來中，日本人即已接觸了咖啡，只是當時咖啡被視為藥物，而非生活飲品，翻譯名稱也很亂，「可否」、「加非」、「架非」等名稱一大堆，直到在江戶末期的蘭學者宇田川榕菴所編撰的《蘭和對照辭典》中，宇田川榕菴認為，生長在樹枝上的咖啡豆，像極了女性的髮簪；「珈」是指髮簪上的玉墜花飾，「琲」則是穿透的意思，「珈琲」象徵髮簪穿過女性的頭髮，如此具有想像力又美麗的翻譯，使得「珈琲」的漢字被確立。

　　正因為咖啡曾經出現「可否」的翻譯，明治二十一年（1888年），東京出現日本第一家咖啡館，就叫做「可否茶館」；有趣的是，「可否茶館」的老闆竟是鄭成功的侄子，只是當時喝咖啡的風氣未開，「可否茶館」便因經營不善而倒閉了。

　　直到明治末期與大正年間，咖啡館才開始在東京流行，日本第一代的巴西移民水野龍，在巴西咖啡豆價格大跌時，與巴西政府合作，拿到大量免費的咖啡豆，明治四十四年（1911年）於銀座開設了Café Paulista（老聖保羅咖啡），以低價策略大力推廣巴西咖啡，讓Café Paulista聚集了不少年輕的日本文學家，成為激發日本現代文學、思想啟蒙的舞台。也替巴西咖啡豆打開了日本市場，挽救巴西咖啡價格崩跌的危機。

　　二次大戰後，日本的咖啡館出現了各種不同的樣貌；因美軍駐留發展出可以跳舞的「Go-Go喫茶」、可以大聲唱歌的「歌聲喫茶」、專門播放古典音樂的「名曲喫茶」……咖啡館的「附加價值」愈來愈多元，不過，隨著時代改變，「Go-Go喫茶」、「歌聲喫茶」已不復見，只剩少數幾家仍然堅持崗位的「名曲喫茶」還存在於東京街頭，或者改頭換面以爵士酒吧的姿態迎向愛樂者。

　　旅行中，步行走累了，與其坐在車站內人來人往的連鎖咖啡店，不如找個有特色、有趣味的咖啡喫茶，享受周遭的氣氛與店主的品味。

01

Café Paulista

東京最古老的咖啡館

胖狗評鑑

美　味　度　★★★★
環境舒適度　★★★★

台北武昌街的「明星咖啡館」，是台北的文學地標，當年多少文學家都曾埋首於「明星咖啡館」寫稿，作家白先勇就曾經說：「台灣六〇年代的現代詩、現代小說，摻著明星咖啡館的濃香，就那樣一朵朵靜靜地萌芽、開花。」

無獨有偶，東京銀座也有一間咖啡館，孕育了不少年輕的日本文學家，例如芥川龍之介、谷崎潤一郎、與謝野晶子……，都是這家咖啡館的常客，日本女性主義先驅平塚雷鳥創

1	2	4
	3	

❶ Café Paulista 位於銀座八丁目。
❷ 招牌咖啡 Paulista Old。
❸ 約翰藍儂與小野洋子曾經連續三天泡在
　 Café Paulista。
❹ 店內保留當年開業時登的廣告。

辦《青鞜》雜誌時，召開編輯會議的地方，也是在這家咖啡館。

尋訪文人雅士流連的足跡

　　這家咖啡館就是位於銀座八丁目的Café Paulista，（カフェーパウリスタ，老聖保羅咖啡），不知道是不是名字念起來太拗口，當時聚集於此的年輕文學家、知識分子，便暱稱它為「銀ブラ」。

　　一九一一年由日本第一代巴西移民水野龍開設的Café Paulista，雖然並不是東京第一家咖啡館，卻是東京現存最古老的咖啡館。明治時期，咖啡屬於高級的西洋飲品，一杯咖啡的售價是一錢五分，加牛奶的咖啡是二錢，但是吃一份蕎麥麵只要三分錢，所以高級的咖啡館並非一般人消費得起，水野龍為在日本推廣巴西咖啡豆，一杯咖啡只賣五分錢，對於許多經濟並不寬裕的文

學家、大學生來說，自然形成強烈的吸引力，據說芥川龍之介偏好的咖啡口味「Paulista Old」，就是Café Paulista當初創業時力推的咖啡，大家「喝習慣了」，自然也就培養了忠實的顧客群，而這款「Paulista Old」，現今在店裡仍然可以喝得到。

除了低價策略的成功，Café Paulista 吸引文人的另一項優勢，則在它的地利之便，當時它的對面是福澤諭吉創辦的「時事新報社」；「時事新報社」以慶應義塾大學的學生為班底，加上附近又有朝日新聞社、帝國大飯店、外國商館，Café Paulista自然成為大學生、新聞記者、文化人的匯集之所。

創業逾百年的Café Paulista，至今仍然保留著老派咖啡館那種低腳高背的皮椅，只是看得出這些皮椅都很新，所以坐起來很舒服。

必點的「幻之咖啡」

我點了價格非常划算的法式鹹派組合餐（キッシュセット），因為組合餐中有鹹派、蛋糕卷、沙拉，還可以點招牌咖啡「Paulista Old」；「Paulista Old」的前味苦味頗重，但後味卻有甘、香，坦白說，這個鹹派組合餐便宜是便宜，但除了「Paulista Old」咖啡之外，其他東西都不怎麼樣。

Café Paulista現在當然不止「Paulista Old」一款咖啡，店裡現在主打的是無農藥栽種的「森之咖啡」，其中一款「幻之咖啡」特別註明使用的是「超完熟的咖啡豆」，還稱它是「貴腐咖啡」，我一時好奇點來喝，發現這款「幻之咖啡」味道清爽卻芳香迷人，入喉之後還會回甘，果然很夢幻。

造訪Café Paulista的名人實在不少，店裡的一角，陳列了約翰藍儂與小野洋子的照片和簽名，據說他們有一次在銀座逗留，連續三天都跑來這裡喝咖啡，點的就是招牌咖啡「Paulista Old」。

櫃檯旁邊還販賣著Café Paulista的各式咖啡豆，如果喜歡這裡的咖啡，不妨把這百年咖啡館特調的咖啡豆帶一包回家。

1	2
3	

❶ Café Paulista 是東京都現存最老的咖啡館。

❷ 「幻之咖啡」芳香迷人。

❸ 琳琅滿目的鹹派套餐價格很划算。

Café Paulista

🖰 https://www.paulista.co.jp/

✉ 東京都中央區銀座8-9-16，新橋站、銀座站步行5分鐘

🕐 週一至週六8:30～21:30，周日及假日11:30～20:00，年中無休

「名曲喫茶 ライオン」石造的外觀看起來頗有年代。

02

名曲喫茶
ライオン

噓！
聽音樂，不准講話

胖狗評鑑
美 味 度　★★★
環境舒適度　★★★★☆

「名曲喫茶」，在東京的咖啡館裡是一個很特別的存在；從字面上解釋，「名曲喫茶」就是一邊聽名曲、一邊喫茶（咖啡館），一般的咖啡館歡迎三五好友閒話家常，但是「名曲喫茶」卻希望客人能安安靜靜地聽音樂，有些名曲喫茶雖未嚴格禁止客人講話，但也希望客人能輕聲細語，不要打擾別人聽音樂。

「名曲喫茶」的出現，約莫是在

三〇年代黑膠唱片傳入時，當時音響、唱片價格高昂，非一般人消費得起，造就以樂會友的「名曲喫茶」興起，新宿三丁目的風月堂是東京最出名的「名曲喫茶」，一九六四年東京奧運會舉辦時印行的觀光手冊，還以「年輕藝術家聚集的日本格林威治村」來介紹風月堂。

六〇年代日本學運最蓬勃的時候，「名曲喫茶」成為學運分子經常聚集的場所，後來音響普及、黑膠式微，「名曲喫茶」便逐漸銷聲匿跡，一九七三年，「風月堂」結束營業，引得不少人唏噓。如今東京的「名曲喫茶」實在沒剩幾家，吉祥寺バロック、高圓寺的ネルケン（NELKEN）、ルネッサンス（RENAISSANCE），其中最有趣的，要屬涉谷的ライオン（LION）。

很難想像在喧鬧的涉谷，居然有這樣一間如此老派又如此有趣的咖啡館，昭和元年（1926年）開業ライオン，是一棟兩層樓的建築，石造的外觀，看起來頗有年代，原來一九四五年東京大空襲時，ライオン沒有躲過戰火的波及，初代店主在一九五〇年於原址重建，刻意回復當初開業時的模樣。

不過，想要來ライオン，得有幾點心理準備：不准拍照攝影、不准講話、不准帶食物、手機請轉成靜音、要講電話請到外面去。有時候店員甚至會對初造訪的客人，提示性地將手指放在嘴唇上，比出「噓！」的動作。

造訪之前，我一直好奇，如果不能講話，該怎麼點咖啡？

等到走進了店裡，年輕的店員笑臉迎來，原來不是不能講話，只不過，他用幾乎是蚊子才能聽見的聲音幫我點咖啡；由於店裡真的很安靜，除了音樂聲之外，只要有其他聲音，都變成一種干擾，因此在這樣的環境下，任何人都會自然地噤聲。

沉醉在迷人的樂音中

但是這裡的氣氛真的很棒！兩層樓的座位區，設計成劇場的型態，前方是一座比人

店內不能拍照，只好手繪人工打造的音響。

店內是老式的高背絲絨椅。

還高的巨型音響，看得出來是手工打造，紅絲絨的座椅全都面向正前方的音響，此刻正撥放著蕭邦的G弦之歌，音樂放得很大聲，讓人宛如置身在一個小型的音樂廳。

收藏了五千多張黑膠唱片的「ライオン」，以古典音樂為主，每天有排定好的播放曲目，因此「ライオン」還會發給每位客人一份節目單，也接受客人點播，但是每人限點一首，每換一首曲目，店員都會透過麥克風介紹下一首曲目（聲音還是很小，而且都講日文）。

店員播放黑膠唱片時，雖然都已仔細擦拭灰塵，但偶爾還是會發出唱針與灰塵摩擦的「ㄎㄨㄎㄨ」聲，我的黑膠迷朋友說：「聽黑膠，就是要聽這種摩擦聲，當然，也不能太多啦！」

環顧四周，我發現來這裡的客人，不是熟齡客人就是大學生，熟齡客人比較像是專程為音樂而來，大學生則是邊看書邊作功課，點一杯五百五十日圓的咖啡，就可以享受一場音樂饗宴，「名曲喫茶 ライオン」實在太迷人了！

名曲喫茶 ライオン（LION）

⌂ http://lion.main.jp/

✉ 東京都涉谷區道玄坂2-19-13，涉谷車站步行約10分鐘

🕐 11:00～22:30，年中無休

由初代店長親自設計的招牌保留至今。

到現代文學館嚐一杯文學咖啡。

03

BUNDAN
Coffee & Bar

來一客
村上春樹的早餐

胖狗評鑑

美味度 ★★★★
環境舒適度 ★★★☆

東京有不少文學家喜歡的咖啡館、餐廳，但是肯花心思把所有菜單中所有的餐點、飲料，都與文學扯上關係的，除了BUNDAN Coffee & Bar，別無他處。

BUNDAN Coffee & Bar是東京現代文學館附設的咖啡館，坦白說，如果不是真正的日本文學迷，恐怕不會跑來現代文學館「朝聖」，畢竟位於駒場公園內的現代文學館，距離地鐵

1 │ │ 2 │ 3 │ 4 │

❶ BUNDAN Coffee & Bar
是日本現代文學館附設
的咖啡館。
❷ 半露天座位區，風景宜
人。
❸ 森瑤子的「與論丼」是
沙丁魚蔬菜蓋飯。
❹ 村上春樹在《世界末日
與冷酷異境》中描述的
早餐。

站實在有點遠，還好，現代文學館旁邊就是「舊前田侯爵邸」，如果想來參觀加賀百萬石的氣派宅邸，再來BUNDAN Coffee & Bar小憩一下，倒不失為一個可以暫離東京喧鬧的文藝行程。

參觀前田舊邸固然是此行的目的，但是來BUNDAN Coffee & Bar吃頓具有文學血統的早午餐更令人興致高昂。就在我進入現代文學館，左右張望尋找BUNDAN Coffee & Bar的入口時，文學館內的小姐沒等我開口，就毫不猶豫地指向左側的小門，哈！顯然本人一看就是為吃而來，渾身上下透不出一點對日本文學有興趣的氣質。

由於現代文學館並非一個熱門的博物館，早些年文學館附設的咖啡館一度歇業了好一陣子，直到文創編輯團隊東京ビストル在網路募款平台籌募開店資金，雖然募款狀況不如預期，但最後順利開業的BUNDAN Coffee & Bar卻意外獲得好評，現在專程前來這裡用餐的人還不少呢！

高至天花板的書櫃是視覺焦點，不同於一般咖啡館以輕鬆的生活書籍為主，兩萬冊的藏書多是日本文學家的作品，有些還是不易尋訪到的絕版書；木製的桌椅每一張的紋路、顏色都不盡相同，有些看來還頗有年紀，整間店洋溢著鄰家咖啡館的氣氛，親切而舒適。

文青味兒菜單

如果是熟悉日本文學的人，看到這裡的菜單，一定會為經營團隊的用心而

感動，因為這裡的每一份餐點都有來頭。從早餐開始，谷崎潤一郎在《食蓼蟲》中，妻子決定離家時所做的雞肝醬香腸三明治，還有天才少女宮本百合子在《一九二三年冬》中曾經登場的乳酪水果燕麥片；午餐的菜單中，更不乏林芙美子在自傳式作品《放浪記》中描述的牛丼，甚至還有作家的私房菜，例如一生中曾與多位知名人士戀愛的小說家兼設計師宇野千代，曾經出版自己的食譜書《私の作ったお惣菜》，BUNDAN Coffee & Bar就依照書中的食譜，做出了宇野千代與畫家東鄉青兒同居時，東鄉青兒愛吃的咖哩。

　　我點了一份村上春樹在《世界末日與冷酷異境》中，主角在末日倒數時自己下廚所做的最後晚餐（其實是早餐），與已故作家森瑤子在與論島別墅居住時所吃「與論丼」（ヨロン丼），簡單的餐點，卻意外地美味。

　　台灣有不少村上春樹迷，想到可以吃「村上春樹小說中的早餐」，就覺得很有意思，只不過，《世界末日與冷酷異境》寫得實在太前衛，我好幾次拿起這本書，看了幾頁就讀不下去，始終沒有看到那頓早餐出現的場景。但就算沒看過，也要來吃一回，更何況，這份早餐還真好吃！以新鮮番茄炒出來的醬汁，配上扎實的香腸、新鮮的野菜沙拉，就連旁邊的麵包也是選自東京著名的麵包店SignifiantSignifie'的法國麵包，底下還有洋芋泥，每一樣東西都吃得出品質、吃得出用心。

　　「與論丼」其實是以一道沙丁魚丼飯。菜單上說明，森瑤子在沖繩離島與論島上建了一幢別墅，住在別墅的這段期間，她以與論島為背景的小說寫下了《島》這部小說，當時因島上食材缺乏，森瑤子經常以沙丁魚罐頭做成丼飯，

所以這碗丼飯便以與論島之名取名為「與論丼」。

我眼前的這碗丼飯好香啊！只吃了一口，便知道這魚顯然用的不是罐頭沙丁魚，而是新鮮的沙丁魚，以橄欖油煎過的沙丁魚，絲毫沒有腥味，加上炒過的紅黃甜椒與櫛瓜，變成一道帶有洋風又極為可口的丼飯。

來一杯與作家同名的文學咖啡

BUNDAN Coffee & Bar每一道餐食都帶有文學趣味，飲料也不遑多讓；店裡有許多以文學家為名的咖啡，例如芥川（芥川龍之介）、鷗外（森鷗外）、敦（中島敦），有些是參考作家生平喜愛的咖啡口味，有些則是特選咖啡豆調出與作家文風相近的咖啡。除此之外，飲料單上還有寺田寅彥的牛奶咖啡、谷崎潤一郎的炭酸水、夏目漱石在《二百十日》中提到的惠比壽啤酒……，在BUNDAN Coffee & Bar，連喝杯飲料都會覺得自己突然變得文藝起來。

你喜歡哪位日本文學家？不妨走一趟現代文學館的BUNDAN Coffee & Bar，嚐一嚐屬於這位文學家的滋味。

喝一杯以文學家命名的咖啡，探究作家喜愛的口味。

BUNDAN Coffee & Bar

- http://bundan.net/
- 東京都目黑區駒場4-3-55（日本現代文學館內），京王井之頭線駒場東大前站步行8分鐘，地鐵千代田線代代木上原站步行12分鐘
- 9:30～16:20，週日、週一及每月第四個週四休

Quattro LABO 是一家洋溢著成熟氣質的音樂酒吧。

04

Quattro LABO

沉醉在黑膠唱片
爵士樂

胖狗評鑑

美味度 ★★★☆
環境舒適度 ★★★★☆

那天天氣不太好，井之頭公園裡的長椅上沒半個人，但我還是撐著傘、漫步在井之頭公園中，只因滿地的落櫻實在太美了！

貪戀滿地落櫻的代價，就是身體開始打哆嗦，雖然很想仿效《人造衛星情人》裡的小堇，鑽進吉祥寺的「名曲喫茶」店，無奈寒風微雨讓我的肚子開始咕咕叫，我想找個可以吃東西又可以聽音樂的地方歇歇腳。

　　吉祥寺永遠不乏這類的風格獨具的咖啡館，我隨意晃了晃，發現這家叫做「Quattro LABO」的小店完全符合我的需求。夜幕低垂，裡頭已經有幾桌客人，是一家洋溢著成熟氣質的音樂酒吧。

　　店裡正播放著富有磁性的爵士女聲，Quattro LABO收藏了五千多張黑膠唱片，類型偏向爵士、藍調、六〇年代至七〇年代的搖滾，剛好是我高中時最沉迷的音樂類型。

　　黑膠唱片的聲音圓潤醇厚，充滿空氣感，就是和CD不一樣！難怪迄今總有一批黑膠迷，我雖然不懂音響，但是隨便看一眼，也知道店裡那些手工打造的喇叭價格不斐。

　　酒和音樂是分不開的，一邊喝酒，一邊聽音樂，最是舒服。我點了一杯紅酒，再點了半熟蛋的凱撒沙拉、紅酒燉牛頰肉；這裡的食物不差，但也談不上多麼美味，是那種可以輕鬆消費、輕鬆享受的水準。

1 ｜ 2

❶ 手工打造的巨型喇叭一看就覺得價格不斐。
❷ Quattro LABO可以聽音樂也可以用餐。

Quattro LABO

⌖ http://quattrolabo.com/

✉ 東京都武藏野市吉祥寺南町
　 1-8-10エクセレンス吉祥寺1F，
　 吉祥寺車站南口步行2分鐘

🕘 18:00～24:00，
　 週末及假日11:30～24:00，
　 年中無休

Tea Salon Gclef 在吉祥寺眾多紅茶專門店評價最高。

05

Tea Salon Gclef

飄洋過海的紅茶文化

胖狗評鑑

美味度 ★★★★
環境舒適度 ★★★★

每次談到茶文化，我總有無限的感慨。

從奈良時代自中國傳入日本的綠茶，經由榮西禪師將宋代的點茶、茶宴文化帶回日本後，歷經數百年，如今宋代的茶道在中國已不復見，卻在日本發揚光大，成了全世界公認的日本傳統文化。

紅茶也是一樣，產於中國的紅茶，自十六世紀傳入歐洲後，在英國

| 1 | 2 | 3 | 4 |

❶ 日本明治維新也學習了英倫的紅茶文化。
❷ Gclef 泡茶計時的沙漏有三種時間指標。
❸ 春摘大吉嶺（前）的茶湯顏色比阿薩姆（後）淺得多。
❹ 深色的木頭吧檯與桌椅，給人沉穩之感。

落地生根，全世界對於紅茶的認知，只將中國視為「產地」，卻將紅茶文化認為是英倫的紅茶文化。

　　明治維新後才開始喝紅茶的日本人，學習的當然是英倫的紅茶文化。但是日本人的學習精神也真教人佩服；或許紅茶傳入的時間晚，不像綠茶在日本扎根已久，日本國土上紅茶的產量也不多，大概只有靜岡、三重、熊本等少數地區生產紅茶，主要的消費仍然依賴進口，但是對於紅茶鑽研，特別是對單品產地茶的涉獵，之深、之廣、之精，著實讓人訝異。

吉祥寺是紅茶迷的朝聖地

　　東京的吉祥寺雖然有不少可愛的咖啡館，這幾年來，更成為紅茶迷的朝聖地；小小的吉祥寺居然匯集了插畫家山田詩子的紅茶店 Karel Capek，還有極富好評的 Tea Clipper、Gclef、chai berak 等眾多紅茶專門店，每一間各有各的特色，但相同的是，都能喝到精采的紅茶。

　　在朋友的推薦下，我來到 Gclef；Gclef 在吉祥寺有兩家店，一家是只做販售的 Tea Market，另一家是可坐下來喝茶的 Tea Salon，吉祥寺是個超好逛的地方，走累了，想坐下來吃點東西，自然選擇了 Tea Salon Gclef。

　　Tea Salon Gclef 的空間並不大，但是深色的木製吧檯與桌椅，讓人不自覺地在心底泛起了一股安心感。

全店宛如紅茶大百科

老實說，對於紅茶，我是個大外行，所以看到Gclef琳琅滿目的menu，我根本懶得費心與一堆片假名搏鬥，直覺地就往紅茶中的香檳——大吉嶺（Darjeeling）的欄目看，這一看，我可昏了！不但種類繁多，從年份、季節、農園名稱、風味描述，寫得如此鉅細靡遺，難怪很多愛喝茶的人，總是稱讚日本的紅茶專門店裡所販售的大吉嶺，品項的完整度，與倫敦、巴黎的名店，有過之而無不及。

我選了一款春摘的大吉嶺，春摘茶也被稱為「First Flush」，是一年中最早採摘的初茶，經過冬日的洗禮，在全世界紅茶愛好者的殷殷期盼下，每年春摘的大吉嶺上市時，價格總是炒得比夏摘茶、秋摘茶高出許多，難得有機會品嚐，即使一壺一千三百日圓，比其他茶貴了些，我還是豪氣地給它點下去（Gclef其他產季的大吉嶺，價格多落在八、九百日圓）。

Gclef的紅茶種類很多，雖以印度的大吉嶺、阿薩姆，與斯里蘭卡的錫蘭紅茶為多，但也有來自中國、台灣、日本本地的紅茶，所用的茶具亦絲毫不馬虎，怕茶水降溫過快，白瓷茶壺裹著棉套不說，侍者端上時還帶了一個沙漏，說：「請稍等一下，等到沙漏漏完再喝比較好。」細看這沙漏，分為一分鐘、三分鐘、五分鐘，三種不同的時間，所用的濾網附著底座，扣在杯緣上沖完茶，不用擔心茶湯會不小心滴落在桌上。

大吉嶺的茶湯不像其他紅茶顏色那麼深，屬於金黃色的茶湯，從來沒喝過

春摘大吉嶺的我，看到如此清澈透明的茶湯還是嚇了一跳！人們都說大吉嶺有著麝香葡萄的香氣，我雖然分辨不出那香味是不是所謂的麝香葡萄，卻很肯定它絕對是屬於我所喜歡的「清香系」的茶湯，而且澀味不重，第一次發現，原來紅茶也能如此清香。

鹹鬆餅也令人驚豔

平日的下午，Gclef延長Lunch Plate供應的時間至晚上，我想吃點鹹的，便點了一份有著洋蔥湯、沙拉、小蛋糕的鹹鬆餅，Lunch Plate可以依自己的喜好選擇搭配的飲料，我點了味道濃郁的阿薩姆。

鹹鬆餅有兩種口味，分別是蝦仁馬鈴薯沙拉與普羅旺斯蔬菜雜燴，如果兩種都想吃，可以選擇half-half，各要一半；Gclef是紅茶專門店，喝到好喝的紅茶不稀奇，讓我驚豔的反而是這裡的鬆餅，不但鬆軟，而且濕潤，水準直逼專業的甜點店，非常好吃。

好喝的紅茶店，連點心做得也不馬虎，難怪Gclef在Tabelog（日本食評網）上的評價，總是比吉祥寺其他的紅茶專門店高。

Gclef 的鬆餅濕潤鬆軟，可選 half-half 兩種口味各一半。

Tea Salon Gclef

⌂ http://www.gclef.co.jp
✉ 東京都武藏野市吉祥寺本町2-8-4
🕐 11:00～22:00，
　　周六日假日9:00～22:00

Blue Bottle 清澄白河店人潮依舊多。

06

Blue Bottle Coffee

咖啡界的Apple

胖狗評鑑

美　味　度　★★★★
環境舒適度　★★★

東京這個繁華的大都會，總有一些角落曾經被遺忘，從門前仲町到清澄白河的深川地區即是如此。

　　從江戶時代便填海造陸的深川區，因為有富岡八幡宮、深川不動堂等多所神社佛閣，也曾經熱鬧一時；但一九六五年後，東京都的發展逐漸向西邊的副都心新宿邁進，緊接著六本木、中城……，以大型複合式商場為中心來帶動繁榮的眼神，從來沒有

關愛過已經老舊的深川區。

　　沒想到，因為一間咖啡館，卻讓沉寂許久的深川區鹹魚翻身，老社區低廉的租金，讓懷抱夢想的年輕人找到機會大顯身手，現代美術館與清澄庭園沒有帶動的人潮，卻因為各式文青小店的進駐，讓清澄白河一帶，如今變成東京都最熱門的文青散步路線。

　　這間居功厥偉的咖啡館，就是來自舊金山的 Blue Bottle Coffee，藍瓶子。

保有手作靈魂的風格咖啡館

　　二〇〇四年才創立的 Blue Bottle Coffee，源自於美國奧克蘭的一個農夫市集的咖啡攤位，現在已是美國最熱門的咖啡品牌，有人甚至預測，它會是下一個取代星巴克的咖啡。二〇一五年，Blue Bottle 選擇東京作為進軍亞洲的起點，立刻引起轟動，很多人為了喝一杯咖啡，不惜排隊二、三個小時，在這股氣勢下，Blue Bottle 在東京快速展店。

　　很多人好奇，當初 Blue Bottle 為什麼會選擇在清澄白河這個不太熱鬧的地方？根據 Blue Bottle 的說法，當初他們尋覓店址時來到清澄白河，看到這棟倉庫型的建築，立刻覺得與他們在奧克蘭利用車庫作為店面的創始店很像，有麝自然香，好喝的咖啡不怕沒人光顧，因此這間工業倉庫風格的清澄白河店，便成為進軍東京的第一炮。

　　Blue Bottle Coffee 素有「咖啡界的蘋果」之稱，很多人認為代表它商標的

| 1 | 2 | 3 | 4 |

❶ 取名 Blue Bottle，有向歐洲第一家咖啡館致敬的意味。
❷ 清澄白河店的工作人員以外籍人士較多。
❸ 清澄白河店後方，可以看到烘焙、包裝的過程。
❹ Blue Bottle 雖然已經走向連鎖規模，仍堅持手工沖泡。

那個藍瓶子，和蘋果電腦的風格很像，其實一六八三年歐洲第一家咖啡館的名字，就叫做 Blue Bottle，所以取這個名字，當然也有向維也納那第一家咖啡館致敬的意味。

Blue Bottle 能夠在美國竄紅，與它嚴選咖啡豆、堅持自己烘焙、手工沖泡、能夠滿足不同客人的口味差異性有關，目前台灣許多精品咖啡館也是走這樣的路線，難得的是，Blue Bottle 在擴大規模之後，還能堅持初衷，這就不容易了。

造就 Blue Bottle 廣受歡迎的另一個重要關鍵，則是「新鮮」。

分秒必爭的香氣保衛戰

你可以想像嗎？一杯咖啡從烘焙豆子、沖泡，到端到客人面前飲用，整個流程的時間不到四十八小時，並嚴格規定咖啡粉研磨之後必須在四十五秒內沖泡，因為咖啡豆磨成粉之後，隨著時間流逝，香氣便會有所減損，因此 Blue Bottle Coffee 得到許多投資大亨的青睞，走出個性化商店不易規模化的魔咒。它進軍東京，不像星巴克採取在海外尋求當地合作夥伴，得以迅速拓點的模式，而是在日本註冊法人，這種方式雖然投資金額較大、收益慢，卻能確保所有經營管理細節全都能在自己的掌控之下，維持「精品咖啡」的品質。

當然，Blue Bottle 也不是所有的經營細節都能一本初衷、毫無改變，譬如說，Blue Bottle 最初對於打電話訂購咖啡的客人，會在電話中詳細詢問客人的

| 1 | 2 |

❶ 冰拿鐵，芳香
　醇厚。
❷ 店內裝潢走工
　業風。

喜好，為其搭配適合的咖啡豆，再送貨到家，這種量身打造的作法，在擴大經營規模之後，自然無法實行，所以精品咖啡邁向連鎖店的路程，或多或少還是會有所犧牲。

　記得二〇一六年五月，我首次造訪Blue Bottle清澄白河店，距離它開幕已過了一年，沒想到，門口還是有大批人潮在排隊，我只好先去其他地方逛逛，回程再過來時已近傍晚，剛好店內有座位。

　照理說，在這種精品咖啡館應該喝熱咖啡，但剛散過步，加上天氣有點熱，我口渴難耐，便點了一杯冰拿鐵。一般咖啡館裡的冰咖啡，大多都不太好喝，但這杯冰拿鐵香濃滑順，牛奶與濃縮咖啡的比例混合得非常好，即使加了冰塊，仍保有拿鐵該有的醇厚。

　熱咖啡就等到下一次到東京再喝囉！到那時Blue Bottle的分店就更多了，不用專程跑去清澄白河，熱鬧的新宿、品川，也能喝得到。

Blue Bootle Coffee

🖐 https://bluebottlecoffee.jp/
✉ 東京都江東區平野1-4-8，地鐵清
　澄白河站步行600公尺，門前仲
　町站步行700公尺
🕐 8:00～19:00，年中無休

8

跟著日劇
吃美食

在各國的戲劇中，
最會推銷美食的，大概就是日劇了！
東京有太多的咖啡館、餐廳，
都曾經是某部日劇中的拍攝場景，
有的只是驚鴻一瞥，有的卻讓人印象深刻，
真要一一探訪，去東京百次也不夠。

　　一九九七年的經典日劇《戀愛世代》，那一幕木村拓哉與松隆子整晚在沙灘上找戒指的鏡頭，讓台場的DECKS海灘成為年輕人的戀愛聖地；我也曾經因此而造訪台場，以為在台場欣賞彩虹大橋的夜景，就是所謂的「浪漫」。

　　在看《糸子的洋裝店》時，糸子在運河旁邊的和、洋建築群奔跑，我立刻興奮地跟老公大叫：「你看，那是倉敷啊！」只要看到日劇中似曾相識的場景，我就會想起那一年曾經造訪該地的回憶。當然，更多的時候，是因為喜愛某部日劇中的某個鏡頭，勾起我赴日旅遊的衝動。

　　最近在看天海佑希主演的《Chef三星級營養午餐》時，我還一度想去劇中那間她被趕出去的三星餐廳，仔細一查才知道，原來那是在立川的一個結婚會館，難怪花園洋房看起來如此甜蜜！

　　也許是像我一樣喜歡去拍攝地朝聖的日劇迷實在太多了！還有熱心的戲迷在企業的支援下，成立了「全國ロケ地ガイド」網站（http://loca.ash.jp/），結合眾人之力，舉凡你所想到的日劇，都可以在此網站上找到相關拍攝地的資訊，一了戲迷朝聖的夙願，深諳戲劇是觀光旅遊最佳推手的日本，許多縣市更是大力支援劇組的拍攝，不少餐廳、旅館，甚至因為一部戲劇的走紅，成為超人氣的景點。

　　更糟糕的是，我還有個壞習慣，每次看港劇，就會突然想吃港式點心；看韓劇，便吵著要吃韓國烤肉；最可怕的就是看日劇，從家常的馬鈴薯煮肉到豪

華的大餐，真是看到什麼，就想吃什麼。

在各國的戲劇中，最會推銷美食的，大概就是日劇了！從早期的《美味關係》、《Dinner》、講述家庭料理的《多謝款待》、聚焦於甜點的《小希的洋菓子》、溫暖感人的《深夜食堂》……，日劇中圍繞在廚師、美食的題材，實在多到看不完！

東京有太多的咖啡館、餐廳，都曾經是某部日劇中的拍攝場景，有的只是驚鴻一瞥，有的卻讓人印象深刻，真要一一探訪，去東京百次也不夠；所以在這個章節中，我從美食出發，尋找幾部日劇中讓人印象深刻的拍攝場景，同時能在附近散散步，兼具觀光旅遊的樂趣。

這些乘載著主角喜怒哀樂的美食，似乎也分外有滋味呢！

01

Café 1894

《天皇的御廚》
《半澤直樹》拍攝地

胖狗評鑑

美　味　度　★★★★
環境舒適度　★★★★★

二〇一五年TBS大戲《天皇的御廚》（天皇的料理番），描述的是日本宮內省料理長秋山德藏的故事。秋山德藏歷任大正與昭和二位天皇，寫過十二本與飲食相關的書籍，拍攝這樣一位具歷史地位大廚的生平，免不了要找一些富有歷史氣息的建築作為拍攝場景，多次出現在片中的那幢紅磚建築，就是位於東京車站附近的三菱一號美術館。

特別是在每集的片頭中，紅磚建築的畫面配上〈威風堂堂進行曲‧第

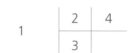

	2	4
1	---	---
	3	

❶ 三菱一號美術館多次出現在《天皇的御廚》
　　中。
❷ 三菱一號美術館門口不在大馬路，走進來別有
　　洞天。
❸ 玻璃隔屏曾經是銀行職員與客人接觸的窗口。
❹ Café 1894 曾經是《半澤直樹》的拍攝場景。

一號交響曲〉，氣勢磅礴到了極點。《天皇的御廚》本身劇情固然精采，但是這
棟建築物時不時地穿插出現，不但扣緊了時代背景，更強化了歷史劇的深度。

　　一八九四年，英國建築師康德（Josiah Conder）為三菱集團在東京丸之內
仿效倫敦金融區，打造了一棟棟的洋風建築群，三菱一號美術館是其中的第一
座；可惜的是，隨著年代久遠，這些洋房逐漸變得殘舊，三菱集團後來把這些
洋風建築群拆掉，改建為高樓大廈，多年以後才發現，他們當時拆掉的不是一
棟棟老舊建築，而是日本現代化的歷史。

　　二〇〇七年，三菱集團再次改建丸之內，這一回，他們翻箱倒櫃找出當年
康德留下來的設計圖，一磚一瓦地重現當年歷史建物的樣貌，並將它作為美術
館向公眾開放，因此現在的三菱一號美術館，只能算是「復古建築」，而不是
古蹟。

　　雖然三菱集團刻意把旁邊的商辦大樓，選擇與美術館相近的色調，讓整體

建築群看起來較為協調，但我還是覺得這棟典雅的紅磚建築孤零零地實在有點可憐，不過走進來之後，竟發現裡面別有洞天，綠樹、雕刻、噴水池……！在車水馬龍的丸之內居然隱藏了一座藝術花園，復古建築結合了休憩空間，在長椅上小坐，完全聽不到大馬路的喧囂，好一個「都市桃花源」啊！

被喻為「日本現代建築之父」的康德，最著名的作品就是日本西化的象徵「鹿鳴館」，只可惜這棟建築物早就被拆掉了，上野公園附近的「舊岩崎庭園」是少數現在還保存的康德作品。康德教出許多大建築師，其中最著名的就是設計東京車站的辰野金吾，東京車站與三菱一號美術館相距約五分鐘路程，一樣的紅磚白框，一樣的黑色屋頂，剛好可以欣賞師徒兩人的作品。

三菱一號美術館不止重現了當年的樣貌，美術館也常常有重量級的展覽。來到三菱一號美術館，除了看展覽、在祕密花園小憩，有一個地方絕對不能錯過，就是「Café 1894」；雖說它是屬於美術館附設的咖啡廳，但就算不來參觀美術館的展覽，光是這間咖啡館，也值得專程為它而來。

重現1894年銀行業的風光氣派

取名為「Café 1894」，代表的正是三菱一號館當初建造的年代，在日本與台灣都造成轟動的《半澤直樹》，第六集中的一幕，就選在Café 1894拍攝。

那集的劇情是，飾演半澤的堺雅人與渡真利一起約了白水銀行放貸部長在Café 1894碰面，以了解伊勢島飯店放貸的內幕，雖然這一幕的時間並不太久，但是把拍攝地點選在Café 1894還挺妙的。

因為Café 1894的內部，完全重現了當年三菱銀行營業大廳的模樣。挑高的天花板與木柱十分氣派，現在區隔高腳椅與後方座位區的那面玻璃隔屏，正是當年銀行員與客人辦理業務的接觸窗口；兩家銀行人員在一間銀行營業大廳改造的咖啡館，聊銀行放貸的內幕，不能不說劇組確實匠心獨具。

在Café 1894喝咖啡確實很享受，我點了這裡的招牌蘋果派，以及搭配水果、果凍、冰淇淋的牛奶布丁，兩份甜點都很好吃，據說這裡的餐食做得也相當不錯。

《天皇的御廚》與《半澤直樹》兩部膾炙人口的大戲，剛好一外一內，不

約而同都選擇了三菱一號美術館作為劇中的場景，這個綜合了建築、藝術、美食的景點，再加上戲劇的加持，絕對是你到東京必訪的行程。

1	2
3	

❶ 招牌蘋果派有蘋果的酸香。
❷ 牛奶布丁搭配冰淇淋與果凍，非常討好。
❸ Café 1894 洋溢著明治時代的風華。

三菱一號美術館Café 1894

🖰 http://mimt.jp/

✉ 東京都千代田區丸之內2-6-2，東京車站南口步行5分鐘

🕐 11:00～23:00，不定休

02

人形町
風土小吃

尋找阿部寬
《新參者》的渴望

「**案**件的嫌疑人是在日本橋人形町
來往的人們。」

這是日劇《新參者》的宣傳標
語。改編自當代日本推理天王東野
圭吾的小說，加上超級大帥哥阿部
寬主演，注定了《新參者》必然受到
歡迎。坦白說，也是因為看了這部日
劇，惹得我直奔人形町而來。

日本文學家偏好在作品中出現真
實的故事發生地，連具體的商鋪，往
往也是真有其店，東野圭吾的《新參
者》與《麒麟之翼》正是如此。

1 2 3 | 4

❶ 人偶鐘塔是人形町的地標。
❷ 東野圭吾的《新參者》以人形町為故事的
　舞台。
❸ 「草加屋煎餅」門口貼出阿部寬的劇照。
❹ 「柳屋」做鯛魚燒的速度永遠趕不上排隊
　的速度。

　　從江戶時代開始，人形町就是一個非常熱鬧的地方，幕府公開准許的妓院集中地「吉原」，最早就在人形町東側的大門通，雖然「吉原」後來遷至淺草，但是人形町仍然有歌舞伎座、人偶劇的表演，也因此匯集了許多製作人偶的人形師居住於此，而被稱為「人形町」。如今，聲色犬馬的喧鬧不再，但是繁華沉澱過後的商鋪，每個都有深厚的底蘊。

　　甘酒橫丁與人形町通的十字交叉街道，是現在人形町最熱鬧之處，我一到人形町，就忙著尋找阿部寬在《新參者》中，從第一集排隊到最後一集，都沒吃到的鯛魚燒。

柳屋——鯛魚燒御三家之一

　　事實上，劇中的鯛魚燒店是虛構的，卻是以甘酒橫丁上鼎鼎大名的「柳屋

鯛魚燒」為原型，小小的店鋪無時無刻都要排隊，還好此時排隊人龍還沒有「滿」出店外，我顯然比阿部寬幸運得多。

這種外表做成鯛魚形狀的紅豆餅，起源於江戶時代流傳至今的今川燒，今川燒就是我們常見的車輪餅，日本人之所以稱為金川燒，是因為它最初發跡於神田今川橋的攤販，這種素樸而美味的點心，很快地流行於日本全國各地。

今川燒「變種」成為鯛魚燒，始於明治時代創業的「浪花」，當時位於麻布十番的「浪花」，苦惱於自己的今川燒銷量不佳，想出把餅皮做成具有喜慶意味的鯛魚外形，從此風靡了大街小巷，東京有所謂的「鯛魚燒御三家」，即「浪花總本店」、人形町的「柳屋」與四谷的「若葉」。

「柳屋」雖然名列東京鯛魚燒御三家之一，店面卻一點也不顯赫，雖然店門口師傅舀麵糊、加紅豆的動作，一刻也沒停過，但是仍然應付不了排隊的人潮。工作人員時不時地從後面廚房送出一盤盤烤好的鯛魚燒，才能讓隊伍緩緩前進，看著師傅仔細修剪掉烤焦的外皮，才知道外形如此完美的鯛魚，著實其來有自。

剛出爐的鯛魚燒頗燙嘴，咬下第一口，本以為餅皮應該是濕潤鬆軟得像雞蛋糕，沒想到卻是薄而韌，原來東京人偏好的鯛魚燒口感與台灣人完全不一樣，說實話，我並不喜歡這種乾硬的餅皮，但是咀嚼久了，竟覺得愈嚼愈香。

「柳屋」名列東京鯛魚燒御三家之一。

柳屋鯛魚燒

✉ 東京都日本橋人形町2-11-3
🕐 12:30～18:00，週日假日休

1 | 2

❶ 草加屋的看板商品是「三木助藏在
　金庫裡的煎餅」。
❷ 大帥哥阿部寬的簽名。

草加屋煎餅

✉　東京都日本橋人形町2-20-5
🕐　平日9:00～18:00，
　　週六10:00～17:00，週日假日休

草加屋煎餅——金庫裡的煎餅

　　沿著甘酒橫丁往下走，來到「草加屋煎餅」，正是《新參者》第一集「煎餅屋的女兒」的拍攝地。創業於昭和三年（1928年）的「草加屋」，完全遵循古法，先將粳米蒸熟後，再以備長炭一枚一枚地烘烤，所以每天產量最多四百片煎餅，在東京也是首屈一指的煎餅老鋪。

　　既然是手工製作，自然不可能片片形狀完美，所以店門口也放著一些NG煎餅，價格約為正常煎餅的一半，但是每人限購二包。「草加屋」雖然不大，但是蝦味、海苔、醬油……，不同口味的煎餅還滿多的，看板商品自然是在《新參者》登場的「三木助藏在金庫裡的煎餅」。

　　這款煎餅除了在《新參者》中露面，裡面還有另一段有趣的小故事；據說著名的落語家桂三木助（三代目）非常喜歡吃這款煎餅，不但每天差弟子坐電車去「草加屋」買煎餅，為了防止弟子偷吃，還要把煎餅鎖在金庫裡，這款煎餅的名聲因此不脛而走。

　　這種煎餅是有多好吃啊？我當然得買一包來嚐嚐。只一口，就發現與平常吃的仙貝完全不是同一個層次，雖然味道比較鹹，但是口感脆硬，充滿醬油的香氣，更特別的是，還有一點淡淡的酒香，不論口感、風味，都很獨特。

　　「草加屋」煎餅的老闆很親切，不但有問必答，店裡還貼出許多大明星的簽名，老闆還給了我一張人形町的手繪地圖，如果不是日文實在太爛，還真想

跟他打聽《新參者》拍攝時的花絮呢！

重盛人形燒──內閣總理大臣賞

　　創業於明治二十三年（1890年）的「重盛」，雖是以煎餅起家，但現在人形燒卻更出名，許多人到水天宮祈求生子安產，常會帶一份「重盛」的人形燒，是水天宮著名的伴手禮。

　　人形燒也是一種紅豆餅，但是外皮的口感比鯛魚燒鬆軟，皮非常薄，紅豆餡口感綿密細緻，非常好吃，難怪曾在全國菓子大博覽會中，獲得內閣總理大臣賞。店內有許多做成大鐘、烏龜、香魚形狀的紅豆餅，但最著名的還是做成七福神外形的人形燒。

　　七福神是指大黑天、惠比壽、弁財天、毘沙門天、壽老人、布袋尊、福祿壽，七個掌管人間運勢、財富的神明，日本人新年初詣會去參拜七福神，祈求闔家平安、財源廣進，東京許多地方都有七福神的神社，但人形町的七福神神社彼此距離最近。

　　跟著《新參者》享受下町的人情味、吃小吃，順道祈福求平安，也是個閒散有趣的東京半日行程。

1 ｜ 2

❶ 重盛人形燒是人形町出名的伴手禮。
❷ 重盛人形燒皮極薄餡香甜。

重盛人形燒

✉　東京都日本橋人形町2-1-1
🕐　9:00～20:00，週日休

上了年紀的老闆，炸天婦羅仍然一絲不苟。

03

人形町中山

《孤獨美食家》的
黑天丼

胖狗評鑑

美　味　度　★★★
環境舒適度　★★★

改編自漫畫，後來拍成電視劇的《孤獨的美食家》（孤獨のグルメ）是一部奇特的作品，男主角松重豐長得像嚇死小孩的大叔，也沒有《深夜食堂》那種溫暖感人的劇情，吃的則是日本隨處可見的國民美食，整部戲，說白了，就是一個大叔在那裡自言自語地吃東西，但是很奇怪，就是會勾得人想一直看下去。

特別是在每集的片頭，為這部戲

所下的注解，實在精妙：

「不被時間跟社會所束縛，幸福地填飽肚子的時候，短時間內變得隨心所欲，變得自由，不被誰打擾，毫不費神吃東西的這種孤高行為，正是平等地賦予現代人的，最高治癒。」

在韓國，「一個人吃飯」被視為一件可憐的事，但《孤獨的美食家》卻視為不需要遷就他人的享受，這樣的「真知灼見」，真該給它按一百個讚！

《孤獨的美食家》中，每一家餐廳都是真有其店，記得二○一三年赴東京，那時剛看完《孤獨的美食家》第一季，對於五郎的興趣正在熱頭上，劇中的「黑天丼」讓我十分好奇，查了一下店址，是位於人形町的「中山」天婦羅，人形町交通方便，不像劇中許多餐廳其實不在東京都內，當然就去吃吃看囉！

跟著走，一窺東京人的日常

找到「中山」天婦羅，一進門，吧檯內的老闆看到二個不太會說日文的生面孔闖入，似乎有點訝異，我指了指牆壁上掛著的那幅松重豐的劇照，表示我是看了《孤獨的美食家》而來的，老闆立刻露出親切的笑容，那一刻，我突然了解到，《孤獨的美食家》裡所介紹的餐廳，不是觀光客會去的名店，而是在地氣息濃厚，可以隨意享受的國民美食，正好讓我這個觀光客得以一窺東京人的「日常」。

| 1 | 2 | 3 | 4 |

❶ 《孤獨的美食家》裡出現的黑天丼。
❷ 以蝦、貝柱混合各種蔬菜的かき揚げ，只有晚上才供應。
❸ 滷鮑魚口感Q彈，但調味過鹹。
❹ 「中山」天婦羅的老闆實在很可愛。。

我點的當然是劇中的「黑天丼」，上了年紀的老闆開始下鍋油炸，聞著油鍋飄散出來的麻油香氣，我吃著老闆娘送上的油豆皮滷蘿蔔，正覺得這種家常小菜永遠吃不膩時，熱呼呼的黑天丼上場了！

「真的好黑啊！」在看那集「黑天丼」時，我就一直好奇，這黑色的醬汁是什麼滋味？還好，顏色雖黑卻不會太鹹，二隻炸蝦、一尾沙鮻、一片穴子，再加上很甜的地瓜，香氣逼得人豪快地吃乾抹盡。

吃完一碗黑天丼，我還覺得意猶未盡，再點了炸海鮮蔬菜餅（かき揚げ），這是只有在晚上才供應的料理，混合著蝦、貝柱、牛蒡、洋蔥與芹菜，是一個小小的豪華炸物，只不過，炸海鮮蔬菜餅沒有淋上黑醬汁，味道顯得比較淡。

人高馬大的五郎，進入一家餐廳絕對不會乖乖地只點一份料理，看到隔壁的客人吃什麼，覺得不錯就點一份來吃，我也有樣學樣，看到隔壁客人正在吃滷鮑魚，便忍不住跟點了一份，滷鮑魚肉質雖然Q彈，但是調味卻比較鹹。

結帳時，和老闆聊了一下，他知道我是台灣來的觀光客，高興地想要送我一份小禮物，他搔著頭東找西找，實在不知道該送什麼，最後拿出印著「中山」天婦羅紙套的免洗筷，作為送我的禮物，我忍不住笑了出來，覺得老闆實在太可愛了！

中山天婦羅

✉ 東京都中央區日本橋人形町1-10-8，從日比谷線人形町站A2出口3分鐘

☎ 03-3661-4538

Ⓢ 黑天丼1,050日圓、かき揚げ800日圓

04

La Butte
Boisee

到古美門律師家中作客

胖狗評鑑

美　味　度　★★★☆
環境舒適度　★★★★★

機關槍速度的毒舌、自大勢利的外表卻潛藏不為人知的正義感，堺雅人誇張的演技，把《王牌大律師》（Legal High）的主角古美門律師扭曲的個性詮釋得相當逗趣，只要看過這部戲的人，想必會對劇中古美門律師的家印象很深刻。

古美門律師的家，同時也是他的事務所，明亮又帶有書卷氣，劇中多次拍到這棟花園豪宅的外觀，其實是一間位於自由之丘的餐廳La Butte Boisee。

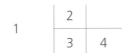

❶ 古美門律師的家其實是自由之丘一家法式餐廳。
❷ La Butte Boisee 的客人休息室豪華穩重。
❸ 《王牌大律師》劇中古美門律師的家洋溢著和、洋融合的氣氛。
❹ La Butte Boisee 的客人以輕熟族居多。

　　La Butte Boisee的主廚森重正浩，也像劇中周遊列國的服部大叔一樣，曾在法國、義大利多家餐廳習藝，查了一下官網上的價位，午餐從四千多日圓起跳，最高至八千多日圓，以東京正統的法式料理來說，這樣的價位並不算貴，我便透過信用卡祕書，預約了到古美門律師家作客的時間。

　　自由之丘坡道多，從車站走到餐廳所在的這片住宅區，比想像中來得遠，就在我走得有些氣喘吁吁時，看到La Butte Boisee大門前的那排階梯，哈！果然是古美門律師那氣派的豪宅。

　　一進門，先被侍者帶進鋪著厚地毯的休息室，日式木造建築與歐洲復古家具的結合，給人一種華麗又穩重的感覺；進到餐廳區，採光罩與落地窗映得一室明亮，咦？感覺上和《王牌大律師》裡古美門律師的家，不太一樣呢！

　　據侍者透露，《王牌大律師》拍攝時，是利用餐廳每週一休假的時間，以第一季而言，大約只借了二次的場地，換句話說，劇中在古美門律師家的戲

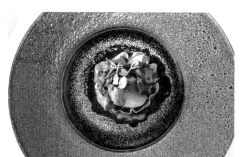

1	6
2	
3	
4	
5	

❶ La Butte Boisee 前菜顏色鮮豔繽紛。
❷ 6,200日圓的魚料理看起來比較「平凡」。
❸ 鴨肉料理搭配紫色的醬汁、金色餐盤，
顯得很華麗。
❹ 熟成60天的但馬牛，生熟度恰到好處。
❺ 巧克力球淋上熱清酒瞬間融化了。
❻ 幾乎每一桌飯後飲料都會點一壺香草茶。

La Butte Boisee

- http://la-butte-boisee.com/
- 東京都世田谷區奧沢6-19-6，自
  由之丘車站步行10分鐘
- 12:00～14:00，18:00～21:00，
  週一休，每月第二個週二休
- 午餐4,200、6,200、8,800日圓，
  晚餐8,200、10,800、13,800日圓

份，大部分都是在棚內搭景拍攝的。

亮麗繽紛的視覺系法式料理

　　日本許多餐廳限定同一桌的客人只能點相同的套餐，但La Butte Boisee並沒有這樣的規定，我點了八千八百日圓的套餐，幫老公點的是六千二百日圓的套餐，二種套餐的道數相同，但食材並不一樣，前菜是以紅白蘿蔔與真鯛做成的魚肉蔬菜塔，周圍是橙色的醬汁，盤緣還有一根酥皮麵包棍，「好漂亮的顏色啊！」我對La Butte Boisee的第一印象，就是這裡的菜做得很漂亮。

　　吃完了前菜，接下來的魚料理、肉料理，就開始分道揚鑣。老公的魚料理是乾煎白肉魚淋上泡沫與醬汁，看起來有點「平凡」；我的魚料理則多加了毛蟹肉，魚肉還略微燴煮了一下；老公的肉料理選的是鴨肉，比較讓人驚訝的是，醬汁竟然是紫色的！我的肉料理則是六十天熟成的但馬牛，雖然兩種套餐價差只有二千多日圓，但不論食材、烹調手法，老實說，還是貴的略勝一籌。

　　接連吃了幾道菜，我對La Butte Boisee料理的感想是：視覺勝過味覺。La Butte Boisee似乎格外著重顏色的搭配，每一道菜都色彩繽紛、亮麗大膽，如果用挑剔的眼光來評價，味道就略顯得單薄，比較無法讓人留下深刻的印象，或許這也是為什麼La Butte Boisee在座無虛席的情況下，至今仍然沒有名列米其林星級名單的關鍵。

　　就好比最後的甜點，主廚特地把點了火的清酒淋在巧克力球上，製造出瞬間融化的效果，但是我嚐了一口，忍不住覺得，如果淋的不是清酒而是白蘭地，應該會比較好，畢竟清酒香味淡雅，不及白蘭地香濃，點了火之後淋在巧克力上，完全聞不出酒香，只覺得巧克力變得好苦。但是加了三百八十日圓的香草茶，就非常好喝。由於香草的分量多，經過爐火慢煮，薄荷、甜菊等香草植物的味道相當濃郁清爽。

　　La Butte Boisee的客人以三十歲左右的「輕熟」族居多，能以實惠的價格享受一餐正統的法式料理，沉浸在優雅而不拘謹的氣氛中，古美門律師的家，果然是個小奢華的聖堂。

05

赤城神社
あかぎCafé

來去神社喝咖啡

胖狗評鑑

美味度 ★★★
環境舒適度 ★★★★

在風情萬種的神樂坂閒逛時，老公每看到一間可愛的咖啡館，便吵著要進去喝咖啡歇歇腳，幾次都被我勸阻，「不行！我們待會兒要去喝神社咖啡！」當我說完這句話，老公用狐疑的眼光看著我，有沒有搞錯啊？去神社應該是參拜，哪有人專程跑去神社喝咖啡的？

這可不是在吹牛，而且這個神社還頗有來頭，由篠原涼子主演的日劇《最後的灰姑娘》，劇中將她的住所設定在赤城神社的公寓，當我看到

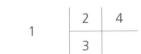

	2	4
1	3	

❶ 建築大師隈研吾重新打造赤城神社。
❷ 赤城神社創建於鎌倉時代，歷史很悠久。
❸ 木材、玻璃打造的赤城神社，極具透明感。
❹ 在《最後的灰姑娘》篠原涼子即被設定住在神社旁的公寓。

篠原涼子上班前在神社參拜的鏡頭，便訝異於這座神社的風格怎麼如此現代？如果你認為神社就是高大的鳥居、參天的古木、古樸的梁柱，那麼看到赤城神社，你絕對會大吃一驚！

　　西元一三〇〇年於鎌倉時代創建的赤城神社，是神樂坂最古老的神社，由於年代久遠，幾經祝融之災，赤城神社歷經多次重建，最近的一次是二〇〇八年，而這一次改建竟請來建築大師隈研吾，為這座古老的神社賦予與眾不同的新風貌。

　　促成這樣的機緣，其實是因為神社欠缺改建經費所致。原本負擔神社經費支柱的赤城幼稚園，因招生短缺關門大吉，但窮則變、變則通，社方因此決定與三井不動產合作，將神社旁的土地租給三井不動產七十年，讓他們蓋出租公寓，神社的改建經費則由三井不動產負擔，在隈研吾的操刀之下，以原木、鋼材、泥磚、玻璃帷幕，把赤城神社打造得極富透明感，旁邊的公寓建築與神社

正殿近在咫尺，也絲毫不顯突兀，赤城神社的改建案，也為隈研吾贏得二〇
一一年的日本 GOOD DESIGN 賞。

　　赤城神社主殿祭祀的是「岩筒雄命」、「赤城姬命」，前方左右兩邊守護神
明的石造狛犬，像獅又像狗的造型，古樸得可愛。神社與公寓的結合，已經令
人大開眼界，公寓大樓的底下還有一間神社咖啡「あかぎ Café」。

有神明氣息的咖啡香

　　淡色的原木桌椅、大片的落地窗，很難想像如此時髦的咖啡館竟然坐落在
古老的神社裡，點一杯咖啡坐在落地窗邊，正好對著神社左側的祭祀菅原道真
的「螢雪天神」，在神明的庇佑下，咖啡的香氣也染上了神明的祝福。

　　神樂坂上隈研吾的作品可不止「赤城神社」，距離神樂坂地鐵站二號出
口，還有另一座時尚藝文廣場「la kagu」，也是出自隈研吾的手筆。

　　「la kagu」原為日本知名出版社新潮社的倉庫，這聽起來像法文的名字，
其實是把「神樂」的日文倒過來念的發音，恰好彰顯神樂坂日、法融合的小區
特色。二〇一四年經隈研吾重新改造後，變成一個結合文藝、書香與設計的複
合型商業設施，寬大的木階梯從人行道一直延伸至二樓，人們就在木階梯的帶
領下走進建築物內，室內仍然保留原來倉庫廣闊空間的特色，以俐落的鋼架、
落地窗勾勒出明亮的氣氛，陳列的商品以家具、服飾、生活雜貨為主，當然還
有一個講演空間，可以舉辦藝文沙龍。

　　神樂坂是近年來我最喜歡的一個區域，相傳在江戶時代有一次舉行祭典
時，因神輿太重，轎夫們走到這裡完全沒力氣根本爬不上坡，跟著神輿的隊伍
此時開始吹奏神樂，突然之間，轎夫們像是吃了大力丸，順利把神輿抬起走完
長長的坡道，從此這條坡道就被稱為「神樂坂」。

　　在明治後期到大正時代，神樂坂發展成東京最繁榮的花街，也是許多文人
最喜愛的街道，日本作家泉鏡花、北原白秋都曾在此定居。神樂坂也是許多日
劇、電視節目最愛取景的地方，其中最膾炙人口的，是由二宮和也主演的《拜
啟 父親大人》（或譯「料亭小師傅」）。

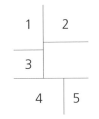

❶ 在神社內喝咖啡，咖啡也充滿神明的祝福。

❷ あかぎCafé明亮溫暖，人氣很旺。

❸ 神樂坂善國寺有「嵐的神社」之稱，一堆粉絲為嵐祈福。

❹ 隈研吾將新潮社的舊倉庫改造成設計商場 la kagu。

❺ 旅館「和可菜」的後門，頗有京都巷弄的風情。

來神樂坂巧遇大明星

　　走進神樂坂上的「善國寺」，由於在《拜啟 父親大人》中，二宮和也時不時地在「善國寺」徘徊，引得許多「嵐」的粉絲慕名而來，寺內的祈福繪馬，竟然一大堆都是寫給「嵐」的，「善國寺」因此而被戲稱為「嵐的神社」。

　　從善國寺對面的巷子走進去，是神樂坂最富風情的巷弄，沿著石坂路、階梯，拾級而下，走到旅館「和可菜」，這裡正是二宮和也在《拜啟 父親大人》劇中工作的料亭，旅館的後門，也是新垣結衣為東京Metro地鐵拍攝Tokyo Heart廣告的取景地。

　　「拐進一條小巷，是你從沒見過的東京。」新垣結衣這句廣告詞，讓許多人訝異於東京竟有一個這麼充滿京都fu的角落，正當我認真地在此拍照時，突然有一組人架著攝影機走過來，竟然碰到電視節目來此出外景！擔任外景來賓的是演員石原良純，石原良純出自於一個有名的家族，他的父親是東京都知事石原慎太郎，叔叔是日本大明星石原裕次郎，而石原良純本人，雖然有點年紀了，但仍散發著熟男的魅力，親切地與過往遊客打招呼。

　　神樂坂果然是東京電視節目最愛的取景地，來到這裡，搞不好你也會遇到其他日本大明星呢！

巧遇演員石原良純來此拍攝外景節目。

赤城神社 あかぎ Café

- http://www.akagi-cafe.jp/
- 東京都新宿區赤城元町1-10赤城神社內，地鐵東西線神樂坂站1號出口步行1分鐘
- 平日10:00～21:30，
  週六11:30～21:30，
  週日假日11:30～17:00，
  週二休、每月第二個週一休

9

不止卡哇依，
更多創意與童趣

在東京的街頭，眼睛隨便一瞥，
到處都有可愛得讓人尖叫的商品；
在眾多「卡哇伊」的商品中，
最讓我訝異的是，連咖啡店、餐廳、酒吧，
也可以打造地那麼可愛！

東京是一個可以滿足各個年齡層、各種興趣喜好者的城市。

喜歡動漫的宅男，視秋葉原為天堂；喜歡shopping的小資女，最愛去吉祥寺、下北澤；熱中於藝文、設計的人，東京有龐大的美術館資源，隨時隨地舉辦各種傳統的、現代的、異業結合的展覽；貴婦們可以在銀座街頭接收國際精品的最新資訊；醉心於自然山水者也可以從東京出發，不到一小時就可以徜徉在山水間；東京，就是這樣地豐富多采。

然而，「可愛」卻是所有年齡層都喜歡的交集，不管你是高貴優雅的熟女，或是活力四射的青少年，所有人對於「可愛」似乎都沒抵抗力；東京，也是一個超級會販賣「可愛」的城市。

可愛的文具、可愛的甜點、可愛的服飾、可愛的餐具……，在東京的街頭，眼睛隨便一瞥，到處都有可愛得讓人尖叫的商品；在眾多「卡哇伊」的商品中，最讓我訝異的是，連咖啡店、餐廳、酒吧，也可以打造得那麼可愛！

Hello Kitty、Melody兔、雙星仙子、蛋黃哥、蠟筆小新……，是許多人喜歡的卡通明星，東京當然有以這些卡通明星為主題的咖啡館，如果這個篇章介紹的是這些咖啡館，你一定會怪我不夠用心，因為這些餐廳的資訊，在網路上隨便google一下都可以找得到。

「可愛」其實很多元，充滿創意的可愛、展現童趣的可愛、精靈古怪的可愛……，我以「創意童趣」為出發，在這個章節中，向大家分享幾家我曾去過，覺得很可愛的餐廳。譬如說，「NINJA AKASAKA」是位於赤坂見附的

「忍者餐廳」，來無影去無蹤的忍者，是日本孩童眼中的「超人」，更讓外國人打從心底充滿好奇，日本有不少的主題樂園喜歡以忍者為訴求，但是以忍者為主題的餐廳，我還是第一次見到。「NINJA AKASAKA」從侍者、裝潢、餐點，無一不與忍者有關，一頓飯吃下來驚呼連連，見識到日本人打造主題餐廳的氣魄。

「Cafe & gallery HATTIFNATT」則是喜歡繪本的朋友一定會愛上的一家咖啡館，走進去，彷彿自己也成為繪本裡的一個角色；「Les GrandsArbres」則是一間樹屋Café，站在樹下，我想起了《傑克與豌豆》，雖然小小的樹屋裡沒有巨人，但是在東京的市中心有著這樣一間充滿童趣的咖啡館，還是吸引著絡繹不絕的人潮來訪，也許每個人的童年，總是對樹屋充滿憧憬。

近幾年，東京的咖啡館也流行一股動物風，因此本篇另外收錄了一家企鵝吧、一間貓頭鷹咖啡館，對！是活生生的企鵝、活生生的貓頭鷹！不用到動物園，而是在咖啡館裡與你相遇，東京商人販賣可愛的能力，真是讓人歎為觀止。

這幾間餐廳、咖啡館，各出奇謀、各顯神通，展現了無限的創意、無盡的童趣，至於食物的美味度，嗯……，就別太計較了！反正來這些地方的目的，也不是為美食而來。

01

NINJA
AKASAKA

忍者出沒,請注意!

胖狗評鑑

美　味　度　★★★
環境舒適度　★★★★☆
（實在太好玩了）

　　進門,伸手不見五指的黑暗,讓人陷入莫名的恐慌,剛剛帶我進來的「忍者」,推開了一扇門就不見了!我傻傻地站在黑暗中,動也不敢動,想大叫又覺得實在太丟臉,等到眼睛適應了黑暗,看到剛剛消失的「忍者」其實推的是牆壁上的一道暗門,我跟著推「牆」而進,「忍者」微笑著站在前面等我,說時遲那時快,他「變」出一座橋!伴隨著驚呼聲,我和老公才剛過了橋,橋,又不見了!

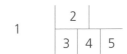

	2		
1	3	4	5

❶ 忍者餐廳的一角，偷藏著裝滿金幣的寶箱。
❷ 忍者餐廳的料理口味很西方。
❸ 忍者的星形飛鏢，其實是鵝肝醬慕斯與餅乾。
❹ 黑色的泡芙內餡是鮭魚與酪梨。
❺ 忍者餐廳連雞尾酒杯的造型都很獨特。

　　這不是在作夢，我們也不是在江戶時代村的忍者屋敷，而是在東京的「NINJA AKASAKA」，一間「忍者餐廳」！

　　NINJA是忍者，AKASAKA是赤坂，不用翻山越嶺，只要身在東京，坐地下鐵到「赤坂見附」就可以窺探忍者的世界。

　　戰國時代從事間諜工作的忍者，在戲劇裡的形象，總像隻壁虎一樣潛伏在天花板，那來無影去無蹤的身影，背後總隱藏著處處機關，讓我覺得忍者就像是日本最古老的魔術師，充滿神祕的魅力。

　　來到「NINJA AKASAKA」，就像來到一個黑暗的山洞，裡頭還有潺潺流水與裝滿金幣的寶箱，當我坐在包廂，隔著木柵欄的門縫看著忍者裝扮的侍者走來走去，彷彿自己掉進一個奇幻的空間；有一位「忍者」注意到我在偷看，立刻做出迅速遁逃的動作，隔壁的包廂不時傳來生日快樂歌。製造歡樂，恐怕是這些忍者最大的任務。

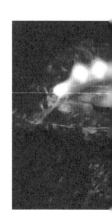

| 1 | 2 | 3 |

❶ 最右邊的握壽司，上面
　放的竟然是麵包。
❷ 「海螺炸彈燒」還會出
　現火焰秀。
❸ 連最後送客都有花招百
　出。

忍者料理，每道都有玄機

「NINJA AKASAKA」供應好幾種套餐，我點的是「大和魂コース」，這是餐廳建議初次來訪者點的套餐，但是從菜單上的名稱，完全看不出究竟是什麼菜，就像第一道菜「手裏劍グリッシーニ」，如果翻成中文，應該是「射飛鏢」的意思，等到侍者端上來，哈！原來是把鵝肝醬慕斯與餅乾，做成忍者的星形飛鏢狀，星星餅乾還刻意「掛」在樹枝上讓你取下來吃，僅僅是透過造型，就讓這開胃小品充滿趣味。

「NINJA AKASAKA」的菜色屬於和洋折衷的創作料理，或許是來此用餐者以外國人居多，所以料理的口味非常西方，就像這道「豆腐茶碗蒸」，聽起來像日本料理，但不論外形、口味，根本就是番茄冷湯。

サザエ爆彈燒（海螺炸彈燒烤），是「NINJA AKASAKA」的招牌菜之一，「注意囉！這道菜有magic！」我還沒反應過來，侍者突然在盤中點起了火，哇！一條火蛇撲向盤尾的海螺，像極了炸彈點燃了引信，我差點以為「海螺炸彈」真的會爆炸，原來這道菜是蒜味奶油螺片，頗似法國菜中的蒜味蝸牛。

接下來侍者推了一台餐車，上面的「道具」頗多，顯然又有magic的花樣；只見他在木桶中裝了一堆「雜草」，丟了兩塊滾燙的石頭進去，木桶中立刻沸騰冒煙，這道菜取名「葉隱之術」，象徵忍者在野外丟出煙霧彈的隱身術，其實是野菜味噌湯。

　　接下來的每一道菜，我彷彿著了魔，只要看他端出盤子，我就急著問：「這道菜有沒有magic？」最後一道壽司，我看著盤中的壽司，忍不住笑出來，鮪魚、白肉魚兩貫握壽司還算「正常」，但最右邊那貫是什麼？仔細一看，上面的東西不是魚料，居然是麵包！

　　在「NINJA AKASAKA」吃飯，真是每一刻都不消停；就在我吃著雪娃造型的甜點，以為這頓忍者晚餐就要劃下句點，沒想到，服務我們的忍者又介紹另一位更厲害的「Master Ninja」進來，哈！他是來表演魔術的！玩的雖然是常見的撲克牌魔術，但是每一個過程都把我逗得樂不可支。

　　結完帳，在忍者的帶領下，我們再度摸黑走出了機關重重的「NINJA AKASAKA」，正要轉身離去，只聽到身後響起來一聲：「叭！」

　　我回頭一看，忍者大人竟然單膝下脆，雙手拉出布條，上面寫著：「Please come again！」

　　哈哈哈！我笑得肚子好痛，「NINJA AKASAKA」不愧是深受外國人喜愛的餐廳。

NINJA AKASAKA

- ✍ http://www.ninjaakasaka.com/
- ✉ 東京都千代田區永田町2-14-3赤坂東急プラザ1F，地鐵銀座線、丸之內線赤坂見附站步行3分鐘
- ☎ 03-5157-3936
- ⓢ 套餐3,500日圓起，大和魂コース6,999日圓，官網可訂位

02

HATTIFNATT

走進童話的繪本森林

不知道你小時候有沒有在牆壁上亂塗鴉，結果被父母吊起來打的經驗？

HATTIFNATT就幫你實現了畫滿一整間屋子牆壁的夢想。店主高嶋先生這種大膽而瘋狂的創意，打造出HATTIFNATT的超高人氣，就算明明不太順路，許多人還是專程前來這裡吃個午餐、喝杯咖啡。

HATTIFNATT在東京有兩間，一間在吉祥寺，一間在高圓寺，兩間都請來日本人氣插畫二人組野田智裕與

❶ HATTIFNATT 就像一間童話小屋。
❷ 超級可愛的壁畫充滿童趣。
❸ HATTIFNATT 每一個角落都很吸睛。

篠崎真裕（Marini×Monteany）打造。

　　二〇〇二年起家的Marini×Monteany二人組，繪畫風格色彩豐富又充滿想像力，他們的作品深受年輕女性歡迎，不但自創ECOUTE生活雜貨品牌，連UNIQLO都推出他們設計的T恤。

　　HATTIFNATT吉祥寺店旁邊，還有一間HATTIFNATT所經營的雜貨鋪，店內放滿密密麻麻的小木箱，任何人都可以租下小木箱，放進自己想要出售的商品，據說當年Marini×Monteany二人組也是租下木箱的客人之一。

置身在多彩繽紛的想像空間

　　HATTIFNATT的木門出奇地矮小，彎身鑽進之後，正在一樓廚房忙碌的工作人員也不太愛搭理人，我就像一個不小心闖入童話裡的小孩，偷偷摸摸地爬

上二樓，走進童話繪本的世界。

長頸鹿、鴨子、小熊、大象、傻乎乎的小孩……五顏六色的森林，看得我眼花撩亂，每一個角落、每一面牆壁，都可愛得想讓人尖叫！

HATTIFNATT的餐點也新奇有趣，拿鐵有可愛的拉花，各式蘇打飲料也五顏六色，彷彿想和牆上的繪畫一較高下，我點了一客怪怪的章魚飯（タコライス），根據菜單上的說明，這是出自於沖繩的營養午餐，但是HATTIFNATT以章魚取代絞肉，搭配大量的蔬菜與糙米飯，彌補現代人蔬菜攝取量的不足。

坦白說，這章魚飯看起來雖怪，但是吃起來卻不怪，就像是吃了一大盤米飯沙拉，清爽卻有飽足感，讓我覺得HATTIFNATT並不僅僅是販賣可愛，在餐點的設計上，其實頗用心。

但我還是得小小抱怨一下這裡的椅子，雖然鋪了毛線的木頭板凳與整間木屋森林的風格非常搭，但是沒有靠背的板凳實在坐不久，唉……，這板凳正在提醒我的年紀，享受童趣的時間頂多一小時，超過時間，腰就痠了……

$$\frac{1}{2}$$

❶ 招牌料理章魚飯源自於沖繩的營養午餐。

❷ 在如此繽紛的環境下，就會想點顏色鮮豔的飲料。

HATTIFNATT

🖐 http://www.hattifnatt.jp/

🕐 11:30～22:00，不定休

吉祥寺店
✉ 東京都武藏野市吉祥寺南町2-22-1

高圓寺店地址
✉ 東京都杉並區高圓寺北2-18-10

1 | 2

❶ 很難想像在東京的市區會出現這
　樣一座樹屋咖啡館。
❷ 四樓的露天花園座位區非常舒服。

03

Les GrandsArbres

滿足每個小孩的樹屋夢

胖狗評鑑

美 味 度	★★★
環境舒適度	★★★★

每個小孩似乎都有一個樹屋夢。
樹屋，總是引得人想爬上去一
探究竟。

　　東京市區內就有一間樹屋咖啡
館，但是這間樹屋咖啡館有個難念的
法文名字「Les GrandsArbres」，翻成
中文就是「大樹」的意思，雖然平常
很少有機會來到廣尾，沒想到出了地
鐵站，隨意逛了一下，意外發現這個

小區的氣氛既時尚又悠閒，讓人一眼就喜歡上這裡。

「Les GrandsArbres」其實就在日比谷線廣尾站後的小巷裡，前方有個小停車場。無論什麼時間，停車場總是站著一些年輕女性拿著手機對著樹屋咖啡館猛拍照，其實她們都是正在等待位子的客人。

知道「Les GrandsArbres」有著超高人氣，我刻意避開週末，挑了一個平日的下午造訪，前面還是有幾組客人得等一下，當我向店員登記候位，店員表示需留下手機號碼，有位子時會打手機通知，我一邊寫、一邊多嘴地解釋，我的手機是台灣的號碼，所以得加上台灣國碼才打得通，店員一聽，得打越洋電話才能通知到我，立刻拒絕我的等位。

小小的一間咖啡館，叫人家打越洋電話來通知我有位子，當然不合理，所以我立刻表示，我就在樓下等待不會走開，輪到我時叫我一下就可以了，誰知道這個店員覺得這樣不合規定，不管我怎麼解釋，他硬是不肯接受我的候位，這下換我火大了！打電話不行、站在樓下等也不行，眼見我就要與樹屋咖啡無緣，突然靈光一閃，我請他去詢問店長能不能接受我在樓下等位子，他老大不情願地進去問了問，出來後就同意了我在樓下候位，搞得我哭笑不得。

唉……，日本人嚴守規定的習慣確實值得學習，但是守規定守到如此僵化的地步，也真是被打敗了！

自然療癒系風格餐飲

其實樹屋咖啡館「Les GrandsArbres」位於這棟洋房的三樓、四樓，一、二樓是花店Fleur Universelle，屬於同一個老闆；事實上，樹屋咖啡館是花店概念的延伸，看似隨意擺放的盆栽、沒有太多矯飾的花藝，立刻讓我忘了剛才的不愉快，花卉與綠意，果然具有療癒的魔力！

讓人眼睛一亮的樹屋，是在這棟洋房門前的一棵大樹上，可以直接從屋外的樓梯爬上樹屋，也可以從屋內二、三樓之間的陽台走過去，小小的樹屋內部並不能真的在裡頭喝咖啡，我興奮地爬上爬下，倒也玩得不亦樂乎。

就在我「玩」得差不多時，那位本來不接受我候位的店員來通知我已有座位（本人還在記仇），我被帶往了四樓，啊！是露天花園的座位區。

由松下奈緒與石原里美主演的日劇「Dear Sister」，劇中松下奈緒經常造訪的咖啡館，拍攝地點就是在「Les GrandsArbres」的三樓；當時在看這部日劇時，我就覺得這間咖啡館的氣氛非常甜蜜，因此經過三樓時，特地張望了一下，覺得兩者風格雖然相近，卻與「Dear Sister」裡的場景不太一樣，至於劇中由平山浩行飾演的熟男店長，當然是看不到啦！

為了符合從花藝到咖啡館，一貫的自然系療癒風格，「Les GrandsArbres」特地找來料理家關口絢子設計菜單，餐食格外注重營養均衡，我點了一份略帶辣味的番茄燉雞肉，搭配的是紫米飯、南瓜泥與野菜沙拉，另外還點了一份冰淇淋厚燒熱蛋糕，老實說，健康歸健康，但不論是午餐或甜點，味道都無甚特別之處，不難吃，但也談不上有多好吃。

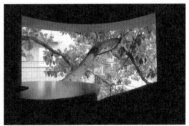

| 1 | 2 |
| | 3 |

❶ 由料理家關口絢子設計的菜單，格外注重營養均衡。

❷ 樹屋內部空間很小，仍引人忍不住向外看。

❸ 現做的冰淇淋厚燒熱蛋糕，口感還不錯。

Les GrandsArbres

🔖 http://fleur-universelle.com/

✉ 東京都港區南麻布5-15-11
3F、4F，地鐵日比谷線廣尾站1號出口步行1分鐘

🕐 11:00～22:00，
週日只營業至19:00

04

ペンギン
のいるBAR

去酒吧聽企鵝唱歌

胖狗評鑑

美味度 ★★★
環境舒適度 ★★★

「**我**們晚上去一間酒吧看企鵝！」聽完我說的話，老公驚訝地合不攏嘴，什麼！去酒吧裡看企鵝？有沒有搞錯啊？

最近幾年，東京的咖啡館流行一股動物風，這些動物不是卡通造型的小熊、小兔，而是真正的「活物」！東京的「動物咖啡」五花八門；在日本，最普遍的就是貓Café，除了歡迎客人帶自家寵物上門的咖啡館之外，還有小鳥咖啡、刺蝟咖啡，這還不算稀奇，連企鵝這種高難度的珍稀動

❶ 東京的酒吧連活生生的企鵝都有！
❷ 每個客人來此的目的都是為了可愛的企鵝。
❸ 企鵝吧把擦手的毛巾刻意做成企鵝造型。

物，都可以出現在酒吧內。

　　距離池袋車站西口約十分鐘路程的「ペンギンのいるBAR」，從晚上六點開始營業，吃完了晚飯，正愁著不知該去什麼地方，這間酒吧營業至凌晨四點，正好成為在東京的夜晚，消磨時間的去處。

都市裡的企鵝水族館

　　從店門口樹立的看板、旗幟，我就知道自己沒找錯地方，一進門，挑了一個靠門口的位子坐下，店裡燈光明亮看起來和一般的餐廳沒兩樣，除了裝了個電視不斷播放南極企鵝的影片之外，還有一些企鵝公仔與照片，比較有趣的是，給客人擦手的毛巾，還摺成企鵝的造型。

　　「ペンギンのいるBAR」的菜單還算豐富，有不少下酒菜、義大利麵之類

的餐點，我隨便點了二杯飲料便直奔店內盡頭最深處，因為那才是來這裡的目的啊！

店內最深處，隔著一片大玻璃，裡頭就是企鵝的家。裡面養了四隻麥哲倫企鵝，每隻都像娃娃公仔一樣，站得直挺挺地動也不動，就在我懷疑牠到底是不是真的企鵝時，嘿！牠動了！

一隻企鵝靠進玻璃窗，我忍不住朝牠揮揮手，哈！牠竟然對著我的手點點頭，我一時童心大起，把手往左點一下，企鵝也跟著往左點了一下頭，我的手再往右點一下，牠的頭又跟著往右點，我左點點、右點點，牠也跟著左點點、右點點，哈哈哈！這隻笨企鵝，真是可愛到爆表！

不知道是不是抗議我的捉弄，不一會兒，牠開始叫了起來，哪知道，一隻企鵝さ さ叫，其他幾隻也跟著さ さ叫！企鵝的聲音還真不小，只不過，歌喉不怎麼美妙。

傻裡傻氣的企鵝唱完了歌，便跳下水，開始在小池裡游泳，我看著兩隻企鵝在小水池中嬉戲，突然之間，覺得這四隻企鵝生活在如此狹小的空間實在有點可憐，還沒等到餵食秀的時間，便失了興致買單走人。

只在晚上營業的企鵝吧，一天有四次的餵食時間，分別是晚上七點、九點半、十一點，凌晨一點半；另外要提醒的是，雖然企鵝是讓所有小朋友瘋狂的動物，但此店因為是酒吧的性質，所以並不歡迎十八歲以下的小朋友入內，如果想帶小孩看企鵝，還是去動物園吧！

除了盡頭的企鵝水槽外，店內裝潢看起來很「正常」。

ペンギンのいるBAR

http://www.penginbar.jp/

東京都豐島區池袋2-38-2，池袋車站西口步行約10分鐘

18:00～翌日4:00，年中無休

除了餐飲費用外，每桌另收800日圓觀賞費

哈利波特的信使是難得一見的雪鴞。

05

アウルの森

東京到處都有貓頭鷹！

胖狗評鑑

美　味　度　只有販賣機飲料
環境舒適度　無座位

牠站在那裡一動也不動，彷彿毛絨玩偶般，瞪著圓圓的大眼睛直勾勾地看著你，突然間，牠的頭神奇地轉了二百七十度，我的四周響起了陣陣「卡哇伊！」的驚呼聲，「喀嚓！喀嚓！」相機的快門聲此起彼落。

　　沒錯，這是一間貓頭鷹咖啡館。最近幾年，貓頭鷹成為日本最夯的寵物，這回去東京之前，看到朋友PO

出在東京貓頭鷹咖啡館的照片，我上網一查，發現東京的貓頭鷹咖啡館竟然多達五、六家，秋葉原、淺草、銀座……，東京簡直到處都有貓頭鷹！

我選擇的是位於淺草新仲見世通上的アウルの森（貓頭鷹之森）。アウル是貓頭鷹的英文owl的日文直譯，但日文的貓頭鷹念做ふくろう（hukuro），與日文「不苦勞」的發音相同，所以許多日本人都視貓頭鷹為吉祥物，在療癒系當道的風潮下，腦筋動得快的商人便開起了貓頭鷹咖啡館。

雖然說是咖啡館，東京有些貓頭鷹咖啡館其實就是收拾了一間房子，擺出幾隻貓頭鷹，然後給你一瓶礦泉水，但因為主打的是讓你和貓頭鷹近距離互動、拍照，大家都衝著貓頭鷹而來，也就沒人在乎它是不是一間咖啡館了。

アウルの森在東京的貓頭鷹咖啡館中，算是比較「有誠意」的。アウルの森在淺草有兩間店，在秋葉原另有一間店，我去的是淺草新仲見世通店，一進門，彷彿進了奇妙的森林，門口櫃檯備有乾洗手，讓客人在與貓頭鷹互動之前，先將手消毒乾淨，店員並提醒，有幾項規則請務必遵守：

· 拍照時不能使用閃光燈。

· 標示「請勿觸摸」（Don't touch）的貓頭鷹，請不要觸摸。

· 撫摸貓頭鷹的時候請用手背，並順著羽毛生長的方向撫摸頭與後背。

與卡哇伊小動物零距離

轉了一圈，灰林鴞、倉鴞、長耳鴞、雪鴞……，哇！アウルの森的貓頭鷹還真多！而且有些很大、看起來很凶猛，害我連摸都不敢摸，但有些好小好可愛，彷彿才剛出生。其實アウルの森是全日本最大的貓頭鷹Café，這裡的貓頭鷹全部都是人工孵化，沒有一隻是野生捕獲的貓頭鷹。

アウルの森的入場券是八百九十日圓，包含一杯飲料（自己去販賣機前選飲料），不需預約也沒有時間限制，除了貓頭鷹之外，這裡還有其他的爬蟲類動物，例如超大的烏龜、蜥蜴、白蛇……，都是難得一見到的珍稀動物，可以說是一間小小的動物園。

```
      |  2
  1   |_____
 _____|
  3   |
      |_____
      4
```

❶ 三隻倉鴞排排站，閉上眼睛像老頭子。
❷ 好大一隻貓頭鷹，又可愛又害怕。
❸ アウルの森還有很多爬蟲類動物。
❹ アウルの森布置得像一間原野森林。

　　不過，現在日本也出現了動保人士反對貓頭鷹咖啡館的聲浪，認為貓頭鷹是夜行動物，卻被迫在白天「接客」，不但擾亂了貓頭鷹作息，而且以短鍊綁住、任由客人任意觸摸的作法，對貓頭鷹的健康造成了影響，甚至有動保人士調查發現，有一家貓頭鷹咖啡館因管理不善，一年內死了七隻貓頭鷹。

　　這真是個令人難過的消息！我們在被貓頭鷹那可愛無辜的表情療癒的同時，常常會忘記，牠似乎應該在天空自由的翱翔。

アウルの森新仲見世通店樓下有工讀者帶著貓頭鷹招攬客人。

アウルの森

- http://2960.tokyo/
- 10:00～20:00，年中無休
- 890日圓含一杯販賣機飲料

淺草新仲見世通店
- 東京都台東區淺草1丁目22-3 2F

淺草公會堂前店
- 東京都台東區淺草1丁目二宮テーボビル 2F

秋葉原店
- 東京都千代田區外神田4-5-8 5F

10

百花齊放的
和洋甜點

東京的甜點世界就像是個綺麗的萬花筒，
和菓子、洋菓子，和洋交錯、百花齊放。
算起來，日本自己生產砂糖還不到三百年，
學習西洋甜點的歷史也不過百年，
但製作甜點的實力，
已是世界上數一數二的國家。

甜點是文明與富裕的象徵，東京的甜點世界就像是個綺麗的萬花筒，和菓子、洋菓子，和洋交錯、百花齊放。

根據日本史料記載，第一個將砂糖帶進日本的是唐朝的鑑真和尚，但是在長達一個世紀裡，日本的砂糖一直仰賴葡萄牙人與荷蘭人的商船貿易，直到德川八代將軍吉宗從琉球取得甘蔗苗，下令研究砂糖的製造，日本才生產出精製純白砂糖「和三盆」。

算起來，日本自己生產砂糖還不到三百年，學習西洋甜點的歷史也不過百年，但製作甜點的實力已是世界上數一數二的國家，就以深受業界矚目的La Coupe du Monde de la Pâtisserie世界甜點大賽來說，日本代表隊的成績總是名列前茅；現在談起甜點好吃的地方，人們腦中浮現的，除了傳統的甜點大國法國、義大利之外，就是日本。

而東京更是甜點的一級戰區，像甜點控到法國必要朝聖的Pierre Herme' Paris、巴黎百年老店Angelina，都已經在東京攻下灘頭堡；日本更有許多甜點師傅遠赴法國學習，再發揮自己的創意嶄露頭角，這些甜點名廚個個在東京都有自己的甜點店，例如日本國寶級甜點師傅河田勝彥的Au Bon Vieux Temps、弓田亨的IL PleutSurla Seine、日本第一個在世界甜點大賽中拿到冠軍的杉野英實所開的Hidemi Sugino……，來到東京，真是寧可肥死也不能不吃甜點啊！

東京好吃的甜點店實在太多了！不要說一趟旅程了，就算去十次也不見得

吃得完，特別是江山代有才人出，因此在這個章節中所介紹的兩家法式甜點，Mont St. Clair的辻口博啟，與A tessouhatis的川村秀樹，都是屬於新一代甜點名師所開的店，他們在傳統法式甜點的基礎上，結合新的食材、發揮創意，把甜點帶入一個更像是藝術品的境地。

我也特別挑選了一家巧克力蛋糕KEN'S CAFE TOYKYO。因為巧克力在西洋甜點中，一直都是個很特別的存在，據說現在受到大家喜愛的生巧克力，就是日本人創造的。「生」在日本有新鮮的意思，在日本，生巧克力有明確的規範，加入鮮奶油、水、糖之後沒有經過調溫的巧克力，才能稱之為生巧克力，而這種方法是一九八八年由神奈川縣一家洋菓子店Sils Maria發明出來的；現在情人節會送心儀的男孩子巧克力，也是出自日本糖果公司的廣告宣傳，足見日本人對於推銷甜點著實有一套。

至於和菓子方面，東京仍然保留不少江戶時代流傳下來的和菓子，例如最中、大福、饅頭、麻糬、銅鑼燒、金鍔燒，與花稍多姿的洋菓子相比，這些和菓子外觀則顯得素樸，但是在講究伴手禮文化的日本社會，以一份歷史老鋪的和菓子贈送親友，不但大方，更能顯現出送禮人的品味。

雖然這些和菓子也很好吃，但是既然來到了東京，總是要吃一些特別的日式甜品才甘心啊！因此在這個章節中，我特別找一些在台灣比較少吃得到，而且是現點現做，一定要去店裡吃才好吃的日式甜點，與大家分享。

01

à tes souhatis

帶著東京第一名的
蛋糕賞櫻花

胖狗評鑑

美　味　度　★★★★★
環境舒適度　只能外帶

東京甜點世界變化的快速，宛如時尚流行圈，不但國內外大師雲集，且年年都有新花樣，但是令我訝異的是，「à tes souhatis」這間位於西萩窪的甜點店，竟然長年占據「食べログ」蛋糕類的第一名，這簡直是一件不可思議的事！

其實能夠在「食べログ」中名列前茅的店家來頭都不小；開設à tes souhatis的川村英樹或許在台灣的知名度不高，但是翻開他的資歷，簡直就是各項國際甜點大賽的常勝軍。

① 位於西萩窪的 à tes souhatis，交通略為不便。
② 帶著蛋糕去井之頭公園賞櫻。
③ 長得像一座山的栗子蒙布朗。
④ 莓果塔酸香適口。

　　川村英樹家裡原本就經營西式蛋糕店，高中畢業後進入東京王子飯店學習西式甜點，他人生的第一個高峰，是在一九九七年於法國盃世界大賽（La Coupe du Monde de la Pâtisserie）拿下綜合類甜點的第一名。有趣的是，他並未趁此聲勢開設自己的店鋪，反而遠渡法國在布列塔尼四星飯店學習，這段期間他又去參加Arpajon Gastronomique世界美食大賽，拿下巧克力項目的第一名；二〇〇一年回到東京之後才在西萩窪開了「à tes souhatis」，縱使大受歡迎，他還是沒有停下腳步。二〇〇八年，他與藤田浩司、和泉光一所組的日本代表隊，又拿下WPTC（World Pastry Team Championship）大賽的第二名，川村英樹可以說是一個不斷在創作、尋求挑戰的甜點師傅。

　　「à tes souhatis」位於吉祥寺與西荻窪中間，不管從哪個車站走過來，至少都要十五到二十分鐘路程，我從西萩窪車站出來，跳上開往吉祥寺的西10路公車，在「女子大前」下車，立刻就看到了「à tes souhatis」那可愛的店鋪。

「à tes souhatis」店內沒有座位，只能外帶，相較於其他的甜點店，它最嚴厲的規矩就是不能拍照，但這也難不倒我，腦筋一轉，此時正值櫻花季，何不把蛋糕帶去井之頭公園，再買杯咖啡，一邊賞櫻、一邊吃蛋糕，多愜意啊！

令人怦然心動的甜點櫥窗

難得造訪「à tes souhatis」，當然要多選幾塊蛋糕囉！除了兩個招牌甜點草莓蛋糕卷、栗子蒙布朗之外，我還選了莓果水果塔、雙層起士蛋糕與一個咖啡口味的慕斯蛋糕，立刻跳上公車，浩浩蕩蕩地朝井之頭公園出發！

但是人算不如天算，等我到達井之頭公園時，天空竟然飄起了小雨！害我的賞櫻蛋糕夢碎，只好胡亂地拍了幾張照片，就躲進附近一間咖啡館，認認真真地品嚐「à tes souhatis」的蛋糕。

「à tes souhatis」每一款蛋糕都很好吃，但是我最喜歡的還是造型奇特的栗子蒙布朗。這個栗子蒙布朗就像一座高山，底層是杏仁味的蛋白塔皮，栗子泥底下是乳脂肪高達47%的鮮奶油，栗子泥的香甜與鮮奶油的乳香非常協調，塔皮口感又十分酥脆，如此一個經典又熟悉的甜點，不論造型、口感，都能帶給人一股新奇的感受，這是川村英樹厲害的地方。

「à tes souhatis」每一款甜點的完成度都很高，而且總是讓你一口就嚐到二、三種味道，難怪會如此受歡迎。

雙層起士蛋糕口感很輕柔。

à tes souhatis

- http://www.atessouhaits.co.jp
- 東京都武藏野市吉祥寺東町3-8-8 カサ吉祥寺2，在吉祥寺站北口坐「西10」往西萩窪站的公車，在「女子大前」下車；或在西萩窪站北口坐「西10」往吉祥寺站的公車，在「女子大前」下車
- 11:00～19:00，週一、週二休
- 每種蛋糕500～700日圓不等

Mont St. Clair 是名店中的名店。

02

Mont St. Clair

輕柔如雲霧的
生乳酪蛋糕

胖狗評鑑

美 味 度 ★★★★★
環境舒適度 ★★★

日本甜點名廚多不勝數，但是能夠將自己的甜點美學經營成美術館，辻口博啟是史上第一人。

辻口博啟是日本甜點名廚中的名廚，他原本是石川縣一家和菓子店的長男，但小學時在朋友的生日會上吃了一塊生日蛋糕，從此便就愛上了西洋甜點。他從十三歲開始，就是各種國內外甜點大賽的常勝軍，他旗下不但有法式甜點、蛋糕卷，巧克力、麵

包等許多甜點品牌，還重振家業以「和樂紅屋」重新出發。二〇〇六年，辻口博啟美術館在石川縣和倉溫泉開幕，更進一步設立製菓學校培育後進。

現在與辻口博啟相關的甜點品牌很多，但是位於自由之丘的Mont St. Clair是他的第一家甜點店，也是集大成之地，蛋糕、麵包、巧克力、燒菓子等品項很齊全。坦白說，我造訪Mont St. Clair時，只是抱著「從眾」的心理，內心其實並沒有太大的期待，但是一塊看起來平凡無奇的生乳酪蛋糕（Fromage cru），卻讓我佩服得五體投地，天啊！怎麼會有口感如此輕柔的生乳酪蛋糕啊？

從外表看，這塊生乳酪蛋糕似乎只有一種口味，但是切開後，其實分成上下兩層，上層的生乳酪輕柔地像雲霧，含在口中就化開了！下層的乳酪蛋糕比較接近「固體」，但其實也非常柔軟，現在知名的甜點店每一家都嚴選材料，所以味道都有相當的水準，但是口感的拿捏則要靠技術與經驗的累積，僅僅這一塊蛋糕，就讓我對Mont St. Clair另眼相看。

另外點的一塊名為スリーズ的蛋糕也很好吃，櫻桃、莓果、鮮奶油與開心果的香味結合得也很好，是一款層次豐富的蛋糕。

Mont St. Clair店內設有咖啡座可以讓客人內用，但位子不多、桌子也有點狹小，好在大家都是專程來吃蛋糕，吃完就走，所以即使要排隊，也不會等太久。

Mont St. Clair

- ⌂ http://www.ms-clair.co.jp
- ✉ 東京都目黑區自由之丘2-22-4，
  自由之丘車站正面口步行10分鐘
- ⏲ 11:00～19:00，週三休
- ⑤ 各式蛋糕400日圓起

1 | 2

❶ 生乳酪蛋糕外表平凡，口感卻驚
　為天人。
❷ スリーズ是一款味道豐富，層次
　分明的蛋糕。

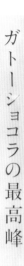

日本ギフト大賞 東京賞受賞

KEN'S CAFE TOKYO
ケンズカフェ東京

新宿御苑地鐵站有 KEN'S CAFE TOKYO 的廣告。

03

KEN'S CAFE TOKYO

三種溫度的巧克力蛋糕

胖狗評鑑

美 味 度 ★★★★★
環境舒適度 只能外帶

巧克力在西式甜點中具有特殊的地位，這種帶有苦味的甜點，由於它的溶點在三十四度至三十七度之間，低於人體的溫度。在國際間的甜點大賽中，巧克力常常被單獨列為一個比賽項目；有人戲稱，天才巧克力師傅往往具有特殊的低溫體質，但在現實中，不可能所有甜點師傅都是低溫體質，因此許多甜點師傅要製作巧克力之前，往往要把雙手浸泡在冰

水中，也得注意室內的溫度。

　　象徵愛情的巧克力，在日本廣受喜愛，雅子妃當年與德仁皇太子的世紀婚禮結束時，送給各國貴賓的禮物便是生巧克力；東京有一家巧克力蛋糕，不但在資生堂所舉辦的全國地方甜點總選舉中，獲得東京區第一名，還在二〇一五年日本Gift大賞中，獲得「東京賞」受賞，更入選為Japan Sweets Award 2016 TOP50的選定店，如今已有超過五十個日本駐外大使品嚐過，並作為伴手禮。

　　這個巧克力蛋糕就是新宿御苑附近的KEN'S CAFE TOKYO所製作。或許看到店家的名字會覺得奇怪，怎麼是一家咖啡廳？事實上，它原來的確是一家咖啡廳，但因店主氏家健治所做的巧克力蛋糕實在太美味了，所以很多來此喝咖啡的客人臨走前，都會買一盒巧克力蛋糕帶走，由於訂購的需求愈來愈大，氏家健治乾脆就收起咖啡廳，專心製作巧克力蛋糕。

　　其實這款巧克力蛋糕的原料非常簡單，只有巧克力、奶油、砂糖、雞蛋，完全沒有使用麵粉，但愈是簡單愈是不容易，除了奶油、雞蛋都非常講究，最令人訝異的，是被巧克力行家喻為「全世界最好吃的巧克力」的義大利多莫瑞（DOMORI）巧克力，特地為KEN'S CAFE TOKYO製作專供他們做蛋糕用的巧克力。

　　光是用頂級的原料還不夠，這款巧克力蛋糕之所以能夠受到眾人青睞，還有一項特別的武器，就是它在不同的溫度下所展現的口感也不一樣；我第一次買KEN'S CAFE TOKYO的巧克力蛋糕時，因趕著去足利公園賞紫藤，去程時在火車上吃了一塊，回程坐火車時又吃了一塊，僅僅是在室溫下放置的時間長短，蛋糕中央軟心的部分，融化程度便有所不同。

❶ KEN'S CAFE TOKYO 在新宿御苑附近。
❷ 一般室溫下，蛋糕軟心的部分相當濕潤。
❸ 天熱時蛋糕在室溫下久了，軟心部分也會融化。

一般來說，這款蛋糕可以展現三種不同的口感：

第一種是在常溫下的「軟心巧克力蛋糕」；蛋糕的邊緣帶有沙沙的口感，但是中央柔軟濕潤，既有巧克力的濃郁也有蛋糕的細緻，是我最喜歡的口感。

第二種是微波加熱十到十五秒後的「熔岩巧克力蛋糕」；此時蛋糕軟心部分微微融化，狀似爆漿的熔岩巧克力，溫熱的口感不會過甜，相當高雅。

第三種則是冰過之後的「生巧克力」；由於此款巧克力濃度相當高，冰過之後不像蛋糕，反而像在吃生巧克力，感覺相當奇妙，建議可以切薄片食用。

KEN'S CAFE TOKYO的巧克力蛋糕包裝精美，拿來作為伴手禮非常適宜，其實它還有另一款綴著施華洛世奇水晶的包裝，看起來更為高雅，但其實一般的包裝就已經非常上得了檯面了。

由於這個蛋糕沒有使用人工添加劑，所以常溫下的賞味期限只有三天，冷藏則可以到兩週，如果想帶回台灣送人，最好在日本的最後一天再去購買。

一般包裝即很
精美大方。

KEN'S CAFE TOKYO

⌂ http://www.kenscafe.jp/
✉ 東京都新宿區新1-23-3御苑コーポビアネーズ1F，新宿御苑站2號出口步行3分鐘
🕐 10:00〜19:00，
週六、週日及假日休
💲 3,000日圓

百貨公司販售點
✉ 松屋銀座B1「銘家逸品」、東武百貨池袋店B1「全國銘菓撰」每日限量發售

04

廚菓子
くろぎ

米其林級的
味覺與視覺

胖狗評鑑

美　味　度　★★★★
環境舒適度　★★★★★

徜徉在東京大學本鄉校區，我這兒走走、那邊逛逛，在「春日門」旁，突然看到了一棟很奇特的建築，玻璃帷幕外覆蓋了一條條的杉木板，這風格似曾相識。

這棟奇特的建築不在「赤門」附近，而是在距離「赤門」不遠的「春日門」旁，這棟建築物叫做「ダイワユビキタス學術研究館」（Daiwa Ubiquitous），整棟大樓的外觀包覆著一片片的杉木板，正在欣賞杉木板為冰冷的大樓，增添出獨有的溫潤感

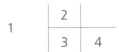

| | 2 | |
|1| 3 | 4 |

❶ 隈研吾的作品雖然奇特，卻帶有溫潤感。
❷ 半戶外的座位區正對著一片綠意。
❸ 「廚菓子くろぎ」特地訂製與它的LOGO造型
　 同樣的食器。
❹ 「廚菓子くろぎ」的蕨餅上還撒了鹽漬櫻花。

時，突然瞥見，「咦！怎麼底下的一樓有一間摩登的咖啡館？」

定晴一看，是「廚菓子くろぎ」。啊！那不是鼎鼎大名的日本名廚黑木純所開的甜點店嗎？

曾經在知名料理店「京味」習藝的黑木純，因參加富士電視台舉辦的《鐵人料理》節目開始聲名大噪，他在湯島所開設的和食料理「くろぎ」是米其林一星餐廳，一九七八年出生的黑木純已被公認為最有實力的次世代和食料理人之一。

黑木純的企圖心不只表現在料理上，也表現在甜點上，二〇一四年當建築大師隈研吾替母校完成了這座風格特異的建築時，黑木純便進駐了這棟大樓，以「廚菓子くろぎ」開始了他最新的嘗試，但不知道隈研吾在設計這棟大樓時，是否得知「廚菓子くろぎ」將要進駐於一樓？因為怎麼看，一樓的空間，都不像是一間甜點店或咖啡館可以應用的格局。

「廚菓子くろぎ」在大樓左側的室內空間置放了櫃檯、料理檯，但因室內空間不大，所以放不下幾個座位，室外的空間像是大樓的玄關，空間很大，因此大部分的座位都安排在戶外，我在初秋陽光明媚的下午造訪，坐在戶外，「廚菓子くろぎ」已貼心地為客人準備了毛毯。半戶外的座位區後方有一排樹林環繞，形成一個自然的庭園。

細膩精緻的日式和菓

我點了葛切與蕨餅，都是屬於要現點現做的日式甜品，雖然都屬於有彈性的和菓子，但是口感完全不一樣，葛粉水遇熱後很快就凝固，所以馬上要放入冰水中冷卻，切成條狀的葛粉條，泡在冰水裡，初時呈透明狀，放久了，就會慢慢變白。

蕨餅的作法與葛切差不多，但是蕨粉水加熱後，凝固的速度很慢，所以過程中必須不斷地攪拌，直到它出現透明感為止。我曾經自己在家做過蕨餅，剛開始攪拌還很容易，但是逐漸凝固後，攪拌時就愈來愈費勁。

看到小師傅在料理檯後方拚命地攪、攪、攪，頓時覺得小師傅實在很可憐，等到蕨餅端上來，黑褐色的蕨餅躺在美麗的漆器盒裡，上面還撒了些鹽漬櫻花，如此美麗、如此雅致，完全是精品和菓子的模樣。

吃了一口，那黏軟中帶有沙沙的口感，證明使用的原料是百分之百的黑本蕨，由於黑本蕨產量稀少，市場上常有以其他澱粉質混充為蕨粉來販售，黑本蕨一百公克市價約二千日圓，在和菓子材料中，算是相當貴的原料，所以很少有甜品店會花那麼高的成本來使用。

至於葛切，一般都是沾黑糖蜜來吃，但是「廚菓子くろぎ」還給了黃豆粉，可以品嚐另一種味道；蕨餅因為在攪拌的過程中已經加了糖，所以可以直接沾黃豆粉或抹茶粉來吃。

在東京大學散完步，來這裡喝杯咖啡、吃個甜點，真是一個完美的午後。

廚菓子くろぎ

⌂ http://www.wagashi-kurogi.co.jp/
✉ 東京都文京區本鄉7-3-1，東京大學本鄉校區春日門側ダイワユビキタス學術研究館1F
🕐 9:00～19:00，不定休

紀之善是從江戶時代創業至今的甜點老鋪。

05

紀之善

和洋風味的絕妙交融

胖狗評鑑

美味度 ★★★★★
環境舒適度 ★★★★

神樂坂是個和洋風情兼具的地方，就在神樂坂坡道的入口，也有一款和洋風味兼具的甜點，與此處的氣氛十分相襯。

這家名為「紀之善」的甜點老鋪，是江戶時代從紀州（和歌山）來到東京的善兵衛所開，原本是間餐館，後來改賣日式甜品；一九九○年店鋪改裝時，在店長富川惠子的建議下，推出了「抹茶巴伐利亞」（抹茶

ババロア，亦有人翻成抹茶巴巴露亞）這款和洋風味兼具的甜點，結果大受歡迎，成為「紀之善」最知名的招牌甜點。

所謂的巴伐利亞（ババロア），最早是由十九世紀的糕點名人安東尼‧卡雷姆所創，他利用在德國南部巴伐利亞地區溫熱的飲料中，加入鮮奶油和吉利丁，冷卻後凝固成甜點，因此得名。後來則出現把英式蛋奶醬加入鮮奶油和吉利丁的作法，這種奶凍的口感非常特別，比布丁更滑順。

「紀之善」的「抹茶巴伐利亞」其實是三樣東西的組合：抹茶奶凍、鮮奶油與紅豆粒餡。略帶苦味的抹茶奶凍Q彈軟嫩，無論搭配紅豆粒餡或是打至七分發的鮮奶油都非常適合；三者一起吃，相互交融的口感彼此烘托，更是絕妙，吃完之後令人回味再三，不論男女老少都十分喜愛。

除此之外，「紀之善」為每位客人免費奉上的煎茶與仙貝也很讚，特別是仙貝，做得鹹香脆韌，害我差點還想向店員多要一片；「紀之善」從甜品到服務，每一個細節都不馬虎，不愧是從江戶時代就享有盛名的老鋪。

1
—
2

❶ 「抹茶巴伐利亞」三種東西相互烘托口感絕妙。
❷ 「紀之善」的冰淇淋紅豆餡蜜搭配的是紅豆沙。

紀之善

- http://www.kenscafe.jp/
- 東京都新宿區神樂坂1-12，JR飯田橋站西口步行3分鐘
- 週二至週六11:00～20:00，
  週日11:30～18:00，
  週一休
- 抹茶巴伐利亞874日圓、冰淇淋紅豆餡蜜874日圓

「喫茶去」是韻松亭經營的甘味處。

06

喫茶去

禪風味的
抹茶冰淇淋餡蜜

胖狗評鑑

美　味　度　★★★★★
環境舒適度　★★★★

在日本，吃到紅豆餡蜜（あんみ
つ）的機會不少，這種日式甜
品除了一球紅豆粒餡扮演著靈魂的角
色之外，往往伴隨水果、寒天、白玉
糰子，有的時候還會有一球冰淇淋，
吃的時候再淋上黑糖蜜，甜中加甜，
卻沒有違和感。

　　據說這種什錦雜燴似的日式甜
品，是銀座汁粉屋「松屋」的二代目
森半次郎在一九三〇年所創，豐富而

多樣的口感，讓它成為日本民間最廣泛流行的甜品；但是每次吃到あんみつ，我都不覺得它有什麼迷人之處？直到有一回在上野公園內的「喫茶去」吃到它的冰淇淋紅豆餡蜜，才改變我對あんみつ的印象。

「喫茶去」就在不忍池附近，是明治五年（1872年）創業的豆菜料理老鋪「韻松亭」所獨立經營的甘味處，它的冰淇淋餡蜜（クリームあんみつ）顏色只有綠、白、咖啡，一派的清新素雅；冰淇淋有兩種，分別是抹茶與香草，加上白玉糰子、焙茶寒天、原味寒天、抹茶生麩、原味生麩，甜中帶苦、口感多元，仔細分析，發現它的組合非常有系統，糰子、寒天、生麩，這些表現不同口感的東西，除了茶味之外沒有其他亂七八糟的味道，所以味覺很集中，很難想像一碗材料如此豐富的餡蜜，竟然可以表現出素樸的禪風，著實教人驚豔。

另外點的葛切（くずきり），天青色的瓷碗中，飄蕩著透明的葛切與冰塊，唯一的色彩是櫻花麩、黑豆，看似隨意，卻非常美麗風雅。

僅僅兩道甜點，就可以看出上野公園內的「喫茶去」，真是一間美學基礎深厚的日式甘味處。

1 | 2
❶「喫茶去」的冰淇淋餡蜜既好吃又典雅。
❷「喫茶去」的葛切比較寬，更易吃出爽脆的口感。

喫茶去

✉ 東京都台東區上野公園4-59，上野公園內
🕙 11:00～17:00，無休
💲 葛切800日圓，冰淇淋餡蜜700日圓

賞味東京 從味蕾感受東京必訪的66間主題餐廳

作　　　者／吳燕玲
責 任 編 輯／張曉蕊
特 約 編 輯／江真
校　　　對／吳淑芳
版　　　權／黃淑敏、翁靜如
行 銷 業 務／何學文、莊英傑、林秀津

總 　編 　輯／陳美靜
總 　經 　理／彭之琬
發 　行 　人／何飛鵬
法 律 顧 問／台英國際商務法律事務所
出　　　版／商周出版
　　　　　　台北市中山區民生東路二段141號9樓
　　　　　　電話：（02）2500-7008　　傳真：（02）2500-7759
　　　　　　E-mail：bwp.service@cite.com.tw
發　　　行／英屬蓋曼群島商家庭傳媒股份有限公司　城邦分公司
　　　　　　台北市104中山區民生東路二段141號2樓
　　　　　　電話：（02）2500-0888　　傳真：（02）2500-1938
　　　　　　讀者服務專線：0800-020-299　　24小時傳真服務：（02）2517-0999
　　　　　　讀者服務信箱：service@readingclub.com.tw
　　　　　　劃撥帳號：19833503
　　　　　　戶名：英屬蓋曼群島商家庭傳媒股份有限公司　城邦分公司
香港發行所／城邦（香港）出版集團有限公司
　　　　　　香港灣仔駱克道193號東超商業中心1樓
　　　　　　電話：（852）2508-6231　　傳真：（852）2578-9337
　　　　　　E-mail：hkcite@biznetvigator.com
馬新發行所／城邦（馬新）出版集團
　　　　　　【Cite（M）Sdn.Bhd（458372U）】
　　　　　　11, Jalan 30D/146, Desa Tasik, Sungai Besi,
　　　　　　57000 Kuala Lumpur, Malaysia
　　　　　　電話：（603）9056-3833　　傳真：（603）9056-2833

內 文 排 版／Winni
印　　　刷／鴻霖印刷傳媒股份有限公司
總 　經 　銷／聯合發行股份有限公司
　　　　　　電話：（02）2917-8022　　傳真：（02）2911-0053

■ 2017年（民106）7月初版
ISBN 978-986-477-2742

Printed in Taiwan

城邦讀書花園
www.cite.com.tw

定價400元

國家圖書館出版品預行編目（CIP）資料

賞味東京：從味蕾感受東京必訪的66間主
題餐廳／吳燕玲著.
-- 初版. -- 臺北市：商周出版：家庭傳媒城
邦分公司發行, 民106.07
　　 面；　　 公分

ISBN 978-986-477-274-2（平裝）

1.自助旅行　2.餐飲業　3.日本東京都

731.72609　　　　　　　　　106010167